Denise Lovisaro

Ainda dá TEMPO!
Tempo é vida

Copyright© 2024 by Literare Books International
Todos os direitos desta edição são reservados à Literare Books International.

Presidente:
Mauricio Sita

Vice-presidente:
Alessandra Ksenhuck

Chief Product Officer:
Julyana Rosa

Diretora de projetos:
Gleide Santos

Chief Sales Officer:
Claudia Pires

Diretora de projetos:
Gleide Santos

Capa, diagramação e projeto gráfico:
Gabriel Uchima

Foto da capa:
Gabriel Mayor

Tabelas e quadros:
Bete Pimentel

Revisão:
Margot Cardoso

Impressão:
Gráfica Paym

Dados Internacionais de Catalogação na Publicação (CIP)
(eDOC BRASIL, Belo Horizonte/MG)

L911a Lovisaro, Denise.
       Ainda dá tempo! / Denise Lovisaro. – São Paulo, SP: Literare Books International, 2024.
       208 p. : il. ; 16 x 23 cm

       ISBN 978-65-5922-751-8

       1. Autoconhecimento. 2. Propósito. 3. Técnicas de autoajuda. I. Título.
                                                          CDD 158.1

Elaborado por Maurício Amormino Júnior – CRB6/2422

Literare Books International.
Alameda dos Guatás, 102 – Saúde – São Paulo, SP.
CEP 04053-040
Fone: +55 (0**11) 2659-0968
site: www.literarebooks.com.br
e-mail: literare@literarebooks.com.br

Denise Lovisaro

Ainda dá TEMPO!
Tempo é vida

PREFÁCIO

O meu problema é o tempo. Estou sem tempo. Se eu tivesse mais tempo. O tempo não foi suficiente. Eu gostaria de ter um dia a mais na semana.

Provavelmente, você já ouviu esse tipo de afirmação em seu dia a dia. E acredito que continuará ouvindo cada vez mais. Tempo é algo que não podemos controlar. Enquanto estou escrevendo estas frases aqui, estou deixando de fazer algo. O tempo está passando, mas eu decidi dedicar este tempo a fazê-lo. É uma questão de escolha. Nós fazemos nossas escolhas, e elas implicam na forma como usamos nosso tempo.

Desde 1990, resolvi dedicar o meu tempo ao desenvolvimento de pessoas e organizações, e posso garantir a você que durante todos estes anos o que mais ouvi foram reclamações sobre a falta, ou mau uso, do tempo.

Cheguei a uma conclusão. No ambiente corporativo, a falta de tempo é, veladamente, aceita como algo positivo. Não ter tempo significa que você é uma pessoa importante, ocupada, engajada, proativa. Afinal, como seria se pessoas da sua equipe dissessem que estão com muito tempo livre esta semana? Soa estranho não?

Mas na contramão do positivo, vem o peso da consequência. Pessoas infelizes, frustradas, e por que não, à beira de um *burnout*.

Passar pela sensação de que você deixou de fazer coisas, e que estas não poderão mais ser recuperadas, é algo devastador.

Mais de uma vez tive a oportunidade de encontrar executivos experientes queixando-se de terem passado suas vidas longe da família, nem mesmo lembrando-se de momentos do crescimento de seus filhos. Ou aqueles que trabalharam insanamente, cada minuto de suas vidas, para garantirem uma vida abastada no pós-trabalho, e que talvez, por ato divino, morreram sem ter o tempo de recuperar o investimento que fizeram. Tempo não se recupera. Estou me referindo à autoconsciência disso.

Se você for jantar com sua família ou amigos hoje à noite, preste atenção em suas escolhas. Você pode optar por ficar atento ao seu celular, e as muitas mensagens que explodem em seus aplicativos a cada segundo, ou focar sua atenção nos seres humanos a sua volta. Sua escolha.

Você verá neste livro como as distrações de nosso cotidiano nascem e como elas podem (e devem) ser evitadas. Somente isso faz com que você evolua. É uma questão de saber dizer não. Quantas vezes participamos de reuniões em nosso papel profissional ou pessoal, que não são necessárias e que não nos agregam nenhum valor. Costumamos afirmar furiosos: foi uma perda de tempo. Novamente chega a frustração.

Gerir o tempo é gerir a vida. Ficamos cinco ou seis dias da semana lutando para ter mais tempo, para produzirmos algo a mais. Esperamos loucamente por um final de semana para relaxarmos e recuperar energias. Aí o que fazemos? Criamos uma agenda repleta de atividades para compensar a semana estressante que tivemos. E isso é contagiante, no mau sentido da palavra. Contagiamos aqueles que estão ao nosso lado com a filosofia do quanto mais melhor. Quanto mais fizermos em nosso momento de folga, maior será nossa recuperação mental. Será mesmo verdade? Acredito que não. Cria-se novamente um problema de escassez. O tempo do final de semana não foi suficiente. E nunca será na medida que queremos fazer mais e mais.

Julgamos aqueles que dizem "amanhã vou tirar o dia para não fazer nada". Seria isso uma grande perda de tempo, ou um momento importante de estarmos conectados conosco mesmos? Novamente uma decisão baseada em nossas escolhas.

Este livro não é sobre gerenciamento de tempo, mas sim um olhar direto sobre como tomamos estas decisões. Você terá a oportunidade de entender melhor como se processa o nosso diálogo interior, responsável por cada ação em nosso cotidiano, seja ela em um ambiente de trabalho ou pessoal.

Denise Lovisaro é uma entusiasta do assunto, com muitos anos de experiência prática, ela ajudou diversos profissionais a tornarem-se mais efetivos, e eu poderia afirmar também, mais felizes. Você verá que ela possui uma forma simples e didática para apresentar ideias que podem ser implementadas facilmente. Sua ampla vivência corporativa faz com que seu conteúdo seja ainda mais útil para aqueles que gerenciam negócios e equipes.

Temos uma paixão em comum, o *The Inner Game*® criado por Tim Gallwey em meados dos anos 1970. Ideias simples e poderosas, algumas delas mencionadas aqui.

Eu tenho certeza que, ao ler este livro, o seu investimento de tempo trará um retorno incrível e imensurável. Eu gostaria que você não o faça em um modo automático, querendo acabar o mais rápido possível (novamente o tempo...). Preste atenção em cada dica, e pense como você poderia aplicá-la em você, seja em seu trabalho, e em seu dia a dia.

Aproveite, experiencie e curta muito.

Renato Ricci,
Cofundador do The Inner Game Institute by Timothy Gallwey (EUA).

INTRODUÇÃO

Você já parou para pensar que o seu tempo é a sua vida?

E que todos nós dispomos das mesmas 24 horas a cada dia. E que é fácil não sobrar nem uma horinha para você dedicar somente a você? Você concorda que ninguém dá o que não tem. Se você não sabe ou não consegue cuidar de você como gostaria, cuidar do outro tende a se tornar uma obrigação mais do que dedicação.

Desperdiçar tempo nem pensar! Mas não é o que fazemos muitas vezes sem perceber? Você já adiou ou abandonou um sonho, um talento, ou algo muito importante? Você acredita que para ter direito de se divertir, antes precisa concluir uma obrigação, uma tarefa, ou algo mais produtivo? Bem, muitas pessoas têm por hábito deixar para depois o tempo de ser feliz. Qual é o seu *hobby*? Andar de bicicleta, jogar tênis, golfe, bola, nadar, escrever, desenhar, bordar, pintar, cantar, tocar, contar histórias; ou isso é coisa de filme? As demandas crescem a cada dia e conciliar tudo não é tarefa fácil, mas é possível quando aprendemos a fazer as escolhas certas. Aprender a viver o aqui e agora, é o que lemos e ouvimos o tempo todo, porque o presente é o tempo mais importante para todos nós. E porque será que ainda assim lotamos as nossas agendas e frequentemente acabamos o dia com a sensação de que não fizemos tudo o que "deveríamos" ter feito. Viver cada dia plenamente e olhar para o futuro com a certeza de que somos capazes de conseguir o que desejamos, pode parecer ficção ou sonho, mas é possível e se adéqua a qualquer pessoa. Basta que você descubra a importância de aprender a fazer escolhas certas para você. É comum deixarmos algo importante de lado para assumir compromissos de menor relevância para nós ou perder tempo com algo sem nenhuma relevância. Neste livro, eu procurei contar histórias, todas verídicas e inspiradoras de pessoas comuns, que assim como eu aprenderam a lidar com o seu tempo e a sua vida de maneira mais eficaz. Não se trata de fazer mais e mais em menos tempo. E sim colocar atenção, FOCO naquilo que realmente importa. E você também pode aprender a usar o tempo como seu maior aliado. Às vezes, precisamos de um pouco de inspiração para seguir em frente e mudar o que não está bom! Ainda dá tempo foi o nome que eu escolhi para este livro, porque eu acredito que sempre é tempo de buscar algo que nos falta, de ser mais feliz e grato à vida que nos foi confiada quando nascemos. Nos momentos difíceis, nas horas em que nos sentimos fragilizados, que não conseguimos imaginar ou enxergar a saída; saiba que haverá no fundo do seu ser uma força interior poderosa à espera para nos guiar e ajudar a encontrar a melhor alternativa e solução. Sempre é tempo de mudar, inovar, criar e superar aquilo que temporariamente está nos impedindo de ser quem somos de verdade.

Eu desejo que este livro possa inspirá-lo a valorizar cada momento em busca de ser mais feliz e satisfeito de ser você. Para aprender a aprender todos os dias, será preciso aprender a desaprender alguns limites e hábitos que cerceiam a nossa liberdade. Perceba se o seu FOCO está em perceber o que está acontecendo de bom a sua volta ou nos problemas seus e dos outros. Abra a porta para deixar a gratidão entrar e, naturalmente, ela lhe fará companhia.

Bons tempos para você!

Denise Lovisaro

COMO TUDO COMEÇOU

Este livro foi escrito por mim, mas você irá perceber que frequentemente o Timothy (Tim) Gallwey, conhecido como o pai do *coaching*, será citado. E por quê? Ele é para mim uma fonte de inspiração e de conhecimento. Eu conheci o seu trabalho por meio do livro *The Inner Game of Tennis* (Editora Pan Macmillan) – traduzido no Brasil para *O jogo interior do tênis: o guia clássico para o lado mental da excelência no desempenho* (Editora Edipro) – na minha primeira formação de *coaching* no início dos anos 2000. Eu me identifiquei tanto com a metodologia, que passei a indicar o livro para os meus clientes. Adorei a forma como ele deixa claro algo difícil de explicar. Vim a conhecê-lo somente em 2011 durante uma palestra organizada em São Paulo por Renato Ricci, responsável pela primeira escola do Tim no mundo. A partir de então, fiz toda a formação e participei dos eventos do The Inner Game Institute no Brasil e nos Estados Unidos. Em 2017, durante um congresso em comemoração aos 45 anos da metodologia *The Inner Game*® em Orlando, eu apresentei uma palestra cujo objetivo era demonstrar a metodologia *The Inner Game*® aplicada ao meu curso de gestão do tempo. Ao final o Tim elogiou o trabalho e me incentivou a escrever um livro sobre o tema. Isso foi suficiente para dar vida a um projeto de livro adormecido há mais de 12 anos. Apesar de estudar, praticar e facilitar inúmeros seminários, o livro era até então um projeto engavetado, quase esquecido. E trata-se de um tema que eu aprendi a gostar cada vez mais.

Comecei a escrever e muita coisa aconteceu até eu conseguir finalizar. Excesso de trabalho e pouco tempo para dedicar a escrita, pandemia, doença pessoal. Se em 2020 dediquei a maior parte do tempo para escrever, em 2021 com atendimentos e treinamentos somente on-line, o cansaço e a desmotivação causados pela interminável pandemia me impediram de concluir o livro. No final de 2022, eu decidi que este livro seria finalizado. E, por isso, o nome escolhido: **Ainda dá tempo...** Porque eu acredito que sempre é tempo de começar ou finalizar algo importante para nós.

Se você ainda não conhece o Timothy (Tim) Gallwey, considerado o pai do *coaching* eu terei o prazer de apresentá-lo. Nos anos 70, Tim estudava psicologia em Harvard, era capitão do time de tênis da faculdade e *coach* de tênis para alunos e executivos. Como *coach* de tênis, acabou descobrindo que seus alunos tinham melhor desempenho quando ele dava menos instrução sobre como jogar e os mantinha ocupados em focar a atenção em algo como a costura ou a logomarca da bola, quando ela estava vindo em sua direção. (Se você tiver interesse em conhecer mais sobre a metodologia *The Inner Game*, pode buscar no site https://theinnergameinstitute.com ou no YouTube, onde encontrará inúmeras apresentações de Tim).

Com o passar do tempo, Tim lançou seu primeiro livro *The Inner Game of Tennis*, para os tenistas; mas seu editor logo percebeu, pela quantidade de livros vendidos, que o livro não estava restrito aos tenistas. E assim nasceu a metodologia *The Inner Game*® que se aplica a todas as áreas e situações da vida pessoal e profissional. Neste livro, eu procuro ilustrar como é possível aplicar "o jogo interior" (*the inner game*) na forma como lidamos com o nosso tempo.

A metodologia *The Inner Game*® é simples e profunda e nos mostra como o jogo interior (*the inner game*), que aprendemos desde muito cedo a jogar internamente, afeta a nossa vida em todos os aspectos e pode nos impedir de voos mais altos, dependendo da forma como esse jogo ocorre dentro de nossa cabeça. Tim tem sido um dos meus grandes mestres, e a sua metodologia está inserida nestas páginas por meio de inúmeros exemplos. Eu adoto na minha própria vida e compartilho com meus clientes conceitos e práticas que nos ajudam a lidar com o tempo e com a vida com mais leveza e menos estresse. Nós podemos aprender todos os dias em quaisquer circunstâncias. E eu espero que você goste e possa aprimorar a sua habilidade de lidar com o incontrolável tempo a seu favor.

Tim Gallwey chamou a constante conversa que acontece na nossa mente de "jogo interior". E o mais interessante é que nesse jogo não existe vencedor, porque a partida é contra você mesmo o tempo todo. Essa voz, parte de nós que contém todos os medos irreais, foi chamada de *Self 1*. Ele é feito de críticas, de autojulgamentos e imprime o modelo mental restritivo de que não vamos conseguir fazer diferente ou mudar o que não está bom. Isso, por si só, já gera uma gama de impossibilidades e uma visão reduzida de mundo, segundo a qual poucos conseguem o que querem e a maioria terá de se conformar com o que tem.

Uma pessoa com um *Self 1* muito severo e ativo fica à mercê desse jogo interior, que insiste em tornar a vida pesada e estressante; pois essa voz é mestre em trazer à tona a preocupação, inclusive na hora de dormir, invadindo o momento que seu corpo precisa de descanso para estar bem no dia seguinte. E o que pode ajudar mais do que a mudança de hábitos? Relaxar com exercícios de respiração, um leite ou chá morno um pouco antes de se deitar, música suave, meditação, uma leitura leve e regeneradora. No entanto, em geral, o que a pessoa faz é justamente o contrário: televisão, celular, filmes violentos, conversar sobre problemas e tudo o que acelera em vez de relaxar. Ela faz aquilo a que está habituada; e mais uma noite intranquila ou de insônia acontece, levando junto a saúde física e mental.

Mas existe uma outra voz que também habita o nosso interior, e foi chamada pelo Tim de *Self 2*, e essa tem características bem distintas do *Self 1*.

O *Self 2* é a nossa melhor parte, aquela que catalisa nossas forças e contém o nosso potencial ilimitado. Sob sua influência somos mais confiantes e seguros, sem prepotência; somos mais generosos sem sermos ingênuos; somos mais bondosos sem sermos bobos. Quando o *Self 2* está presente, deixamos fluir o que existe de melhor em nós. Há tanta plenitude que some o receio de reconhecer um erro publicamente e corrigi-lo, de voltar atrás se for preciso, de pedir desculpas de modo genuíno e de sermos mais humildes e mais grandiosos como seres humanos. De honrarmos nossas posições e pontos de vista e de aceitarmos o diferente, mesmo quando não concordamos, sem a necessidade de desqualificar. Reconhecemos nosso próprio valor e, consequentemente, o dos outros. O *Self 2* nos conduz à naturalidade e à felicidade de sermos quem somos, e, para encontrá-lo, o melhor caminho é estar atento à qualidade de nossos pensamentos e sentimentos. **Os pensamentos positivos** aquietam o *Self 1*, **geram bons sentimentos** que **influenciam as nossas emoções**, que, por sua vez, **conduzem nossas ações de modo mais eficaz.**

Deixar de dar atenção para o *Self 1* (limitador) e dar espaço para o *Self 2* (repleto de possibilidades) pode trazer resultados meio mágicos. Tão rápidos, que desconfiamos se são mesmo reais. E como estamos acostumados a lutar para conseguir o que desejamos, resistimos a essa mudança.

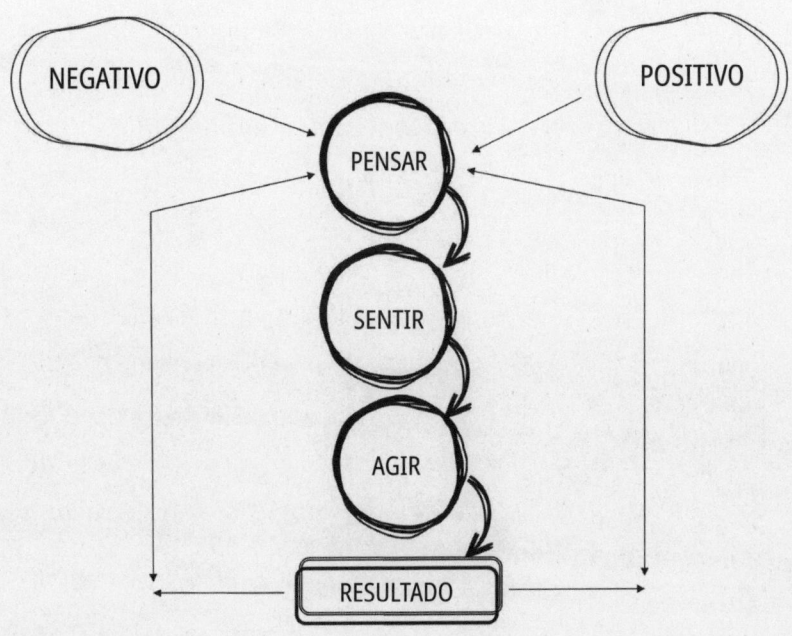

AutoconheSer

Se esse conceito ainda lhe parece estranho e difícil de entender, fique tranquilo, porque eu vou ilustrar com histórias verídicas para explicar como aplicar no dia a dia e obter os melhores resultados com menos esforço. Mágica? Não, é só uma questão de aprender a prestar atenção à qualidade do seu diálogo interior e decidir a quem você deseja dar mais atenção. *Self 1* limitado e restritivo ou *Self 2* repleto de possibilidades e oportunidade para buscar a solução em vez de culpados, e aprender sempre.

SUMÁRIO

**CAPÍTULO I:
TEMPO DE DESCOBERTAS**.......................... 21

1. UMA PLACA PARA SYLVIA................................ 22
2. UMA IMAGEM EM PERSPECTIVA...................... 25
3. MUDAR PARA MELHOR:
DESAFIO OU TREINO?.. 33
4. A RODA DO TEMPO... 37
5. VOCÊ E O TEMPO - O SEU TEMPO É
A SUA VIDA!.. 42
6. O CAMINHO ENTRE A E B 43
7. COMO O APA INFLUENCIA
A GESTÃO DO TEMPO....................................... 48

**CAPÍTULO II:
TEMPO DE INVESTIGAR**............................... 57

1. UMA LIÇÃO IMPACTANTE................................. 58
2. QUE VOZ É ESSA?.. 61
3. A FÓRMULA DA PERFORMANCE...................... 68
4. ESPAÇO PARA O SONHO................................. 79
5. *SELF 1*. DÁ PARA NEGOCIAR COM ELE?............. 87

CAPÍTULO III:
TEMPO PARA SE PREPARAR 91
AMIGA DO PEITO 92
1. SERÁ QUE EU TAMBÉM PERCO TEMPO? 93
2. MAS AFINAL, O QUE É VILÃO DO TEMPO? 97
3. É PRECISO ELIMINAR UM A UM
OS VILÕES DO TEMPO 116

CAPÍTULO IV:
TEMPO PARA
ORGANIZAR O TEMPO 123
1. O TEMPO EM MINHAS MÃOS 124
2. SERÁ QUE É POSSÍVEL OTIMIZAR TEMPO? 128
3. VOCÊ TEM CLAREZA DO SEU PROPÓSITO? 130
4. O NOSSO JEITO DE CLASSIFICAR TAREFAS 132
5. QUE TAL EXPERIMENTAR
MONTAR A SUA MATRIZ P.E.U.R.?. 142
6. DISTRIBUINDO AS SUAS TAREFAS
NA MATRIZ P.E.U.R. 147
7. DICAS PARA OS LÍDERES 149

CAPÍTULO V:
TRABALHO E GESTÃO DO TEMPO 157
1. O QUE É CRENÇA? 158

2. O PODER DE UMA CRENÇA 163

3. TRABALHO E GESTÃO DO TEMPO.
COMO ANDA ESSA DUPLA? 165

4. O TRIÂNGULO DO TRABALHO 168

5. COMO FUNCIONA O PLE NA PRÁTICA 169

CAPÍTULO VI:
CADA UM TEM UM JEITO PRÓPRIO DE LIDAR COM O TEMPO 179

1. O TEMPO E A INFORMAÇÃO 180

2. TIPOS DE METAS 182

CAPÍTULO VII:
TEMPO PARA DESFRUTAR 197

1. DE QUEM É A CULPA? 198

2. AINDA DÁ TEMPO 207

AGRADECIMENTOS 208

CAPÍTULO

I

TEMPO DE DESCOBERTAS

Uma placa para Sylvia

"A relação entre desempenho, aprendizagem e satisfação não deve ser estática. É como andar de bicicleta. Você tem de fazer mais do que pedalar. Você precisa dirigir também."
Tim Gallwey

Nem sempre nos damos conta do que de fato somos capazes de fazer, conquistar, ter, ser.
Denise Lovisaro

# UMA PLACA PARA SYLVIA

Imagine uma pessoa que trabalha oito horas por dia no setor administrativo de uma companhia. Ela se chama Sylvia, acabou de fazer trinta anos, e o seu mais terrível inimigo tem sido o despertador, aquele que inicia uma correria matinal atrapalhada e que sempre dá margem a um provável atraso. Da janela do carro, a caminho do trabalho, vê alguns restaurantes e confeitarias, ainda fechados, e imagina uma placa com o seu nome. Sim, Sylvia tem o sonho de ser *chef* de cozinha, mas, quando entra no escritório, se dá conta da verdadeira realidade: receitas, só as indicadas nas planilhas financeiras; bolos, só os de papéis em cima da mesa. No fim de cada mês, que parece demorar um ano, o nível de entusiasmo da esforçada analista administrativa faz mais uma curva descendente e, dia após dia, o caminho que está traçando para sua vida parece ficar longe dos seus objetivos. Entretanto, ainda assim, ela resiste ao cansaço, ao estresse, ao desânimo e continua cumprindo suas tarefas. Uma voz interna diz que esse é o certo a fazer; afinal está em um bom emprego, com possível plano de carreira e ganha um salário compatível. No fim do expediente, depois de mais algumas horas gastas no trânsito, chega em casa exausta; e, em vez de um delicioso jantar, que saberia fazer com perfeição, come um sanduíche preparado com o que tem na geladeira, para pouco tempo depois desabar na cama.

A pergunta que fica depois de visualizarmos o dia de Sylvia é se todas essas horas investidas trouxeram a ela algum tipo de ganho, do ponto de vista da liberação de seu verdadeiro potencial. Ou seja, será que nessa rotina ela pode ter a percepção de quem realmente é? De que poderia ir muito além do ponto em que está neste momento? Será que, entre uma planilha e outra, consegue se dar conta de que seus sonhos podem ser grandes e de que os limites autoimpostos, baseados no medo e em crenças limitantes, nem sempre correspondem ao que é real? Talvez ela ainda não tenha a dimensão de que qualquer trabalho, simples ou complexo, só fica confortável e significativo quando o respeito começa no próprio indivíduo. Quer dizer, quando usamos o tempo naquilo que realmente queremos fazer, estamos respeitando nossa essência e nos sentimos naturalmente felizes.

Nem sempre esse estado de plenitude é fácil de ser conquistado, mas de um jeito ou de outro, quando as portas se abrem para o potencial humano, tudo passa a ganhar novas possibilidades. Por exemplo, imagine que a Sylvia, de forma consciente e focada, coloque outro tipo de meta para a sua atividade, bem diferente daquela que a "tal voz" diz. Ela decide que o melhor é trabalhar com afinco por um determinado período nessa empresa para, assim, conseguir financiar o próprio sonho de ser *chef*. Uma troca planejada do seu tempo na empresa pelos recursos financeiros que ele pode trazer. Com esse cenário mais positivo em mente, tudo muda de figura, e as horas investidas todos os dias ganham sentido novamente. Sylvia vislumbra que está no caminho da sua missão, do seu propósito, e passa a curtir a caminhada mesmo que ainda não tenha chegado ao seu sonho. É melhor fazer as pazes com o despertador e perceber que seu ofício atual pode se transformar em meio em vez de ser um fim; e que exatamente o mesmo local de trabalho pode tomar nova forma, a partir da conscientização de que se trata de um estágio para chegar ao desejado projeto de ter o próprio restaurante.

Essa história, baseada em fatos reais, nos ajuda a entender que, antes mesmo de pensar sobre a questão da organização do tempo – o principal tema deste livro –, é importante dar um passo para trás e refletir sobre a forma como cada um de nós percebe o mundo e interage com ele. Afinal, todo indivíduo tem limitações na sua atenção consciente e, além de captar apenas uma parte do que se apresenta, utiliza o filtro de suas crenças para definir e catalogar experiências.

2 UMA IMAGEM EM PERSPECTIVA

É preciso ter em mente que cada um enxerga a realidade sob uma perspectiva própria e, por isso mesmo, parcial. Além disso, as emoções muitas vezes interferem na análise dos fatos, e é preciso buscar recursos internos para que a subjetividade extremada não paralise ações concretas. Na história de Sylvia, aspirante a *chef*, a protagonista conseguiu perceber que podia afastar o seu olhar cristalizado e enxergar a mesma situação de outra forma. Assim, outras alternativas surgiram como aliadas na liberação do seu potencial. E é essa dinâmica que somos convidados a entender e dominar.

ACT é um conceito da metodologia *The Inner Game*® que compreende três princípios que se complementam e se sustentam e podem ser representados por um triângulo: *Awareness/Choice/Trust*. Tendo o **A** no vértice, o **C** na base esquerda e o **T** na base direita. Em português ficaria CEC (Consciência/Escolha/Confiança). Quanto mais *consciência* temos do que pode estar limitando ou expandindo as nossas *escolhas* na hora de tomar uma decisão, mais *confiança* teremos de que estamos fazendo o melhor para nós mesmos. E aqui a ordem pode ser inversa.

THE INNER GAME®

Quando a consciência sobre algo é ampliada (mudança de FOCO/perspectiva) as alternativas surgem como possibilidades. Essa dança entre **consciência, escolhas e confiança** fortalece a autoestima e estimula a coragem necessária para mudar o que não está bom. Uma pessoa que tem mais escolhas se sente mais confiante e isso amplia a sua consciência e seu modelo de mundo. Quando Sylvia reconheceu a sua situação com clareza, percebeu que a posição de assistente administrativa tratava-se de algo temporário e transitório para chegar aonde ela desejava estar. Ela precisava desse trabalho e da segurança que ele proporcionava até se tornar *chef*, tal qual sonhou um dia. A análise das possibilidades aumentou a sua confiança (*Trust*) e permitiu que ela avaliasse tanto os recursos internos quanto os externos com mais clareza. Sylvia contabilizou as etapas vencidas e identificou o que faltava para concluir o sonho de se tornar *chef* no restaurante próprio. Ela ainda tinha um caminho a ser percorrido, mas a confiança de que seria capaz de conseguir fez toda a diferença na forma como passou a lidar com o seu dia a dia como assistente administrativa. Podemos aplicar o conceito ACT nas mais diversas situações e contextos.

Mais consciência, mais escolhas;
e quanto mais escolhas, mais confiança
em nós mesmos e na vida.

Seja qual for a cultura em que um indivíduo trabalhe, o tipo de atividade que exerça ou o nível de competência que tenha, os seus jogos internos e externos acontecerão, e o progresso pessoal sempre dependerá de ambos. O desejável é que, internamente, ele possa reduzir o que interfere na descoberta e expressão do seu pleno potencial e, externamente, se prepare para superar obstáculos e atingir seus objetivos.

Quanto maiores os desafios no mundo lá fora, mais importante é saber o que acontece no mundo interior.

O contexto não importa, porque pode ser uma reunião de trabalho, uma festa familiar, um churrasco com amigos, uma entrevista de emprego, um encontro amoroso ou a necessidade de tomar uma decisão superimportante. Pergunte-se:

- O que estou *pensando* sobre o que está ocorrendo?
- O que eu *sinto* quando penso isso?
- O que *acontece no meu corpo* quando sinto isso? (suor, respiração, tremor, taquicardia)
- O que eu costumo *fazer* quando me sinto assim?
- Se eu pudesse dar um nome para o *sentimento,* qual seria?
- O que se eu fizer agora poderá me trazer mais tranquilidade e paz interior para continuar?

Ainda assim, torna-se cada vez mais claro que as nossas próprias questões internas interferem na forma como lidamos com os eventos em nossa vida. No terreno que chamamos de "nós mesmos", essa necessidade de mais entendimento, de aprendizado e de mudança só será possível se entrarmos em harmonia com nossa natureza, e não contra ela.

Vale a pena dizer que, às vezes, o indivíduo tem tanto as possibilidades como as capacidades para sua plena realização, mas ainda não conquistou o merecimento interno que permite a materialização desse propósito com satisfação. É preciso reunir essas três dimensões: possibilidades (acreditar que o desejo ou objetivo é algo viável, se possuir os recursos internos e externos necessários), capacidade (perceber que tem habilidade suficiente, ou em construção, de realizar o que deseja) e merecimento (a sensação de que o desejado é merecido de ser alcançado). Quando uma das dimensões está muito baixa, as outras duas não serão suficientes para tornar a experiência satisfatória, mesmo quando o objetivo é alcançado. A história a seguir é um bom exemplo para ilustrar o conceito.

Lembro-me de um cliente, extremamente bem-sucedido, que chegou até a mim para um projeto de *coaching* voltado às suas questões de gestão do tempo. Porém, como é comum no processo, durante as sessões, veio à tona um conflito interno que nada tinha a ver com o campo profissional, mas que o atormentava. O executivo vinha de uma família simples e, a partir de seu crescimento profissional, passou a frequentar outros tipos de ambientes. Para as reuniões e festas em sua casa ficava em dúvida se convidava a sua família de origem, modesta, uma vez que também chamava pessoas de seus novos ambientes sociais. Pensava se seus pais e irmãos se sentiriam bem ou se eles poderiam, de alguma forma, se sentir discriminados. Ele foi sincero em suas dores: "Denise, eu me sinto mal com essa situação". Meu trabalho de *coaching* foi feito no sentido de ajudá-lo a ampliar as perspectivas, e mudar o foco da atenção dos limites e constrangimentos para novas possibilidades. Ele acabou encontrando novas formas de estar com as pessoas de quem gostava e com os novos amigos. Mas o que trouxe a expansão e, principalmente, *o alívio* (como ele descreveu) foi quando constatou que eles não precisariam estar juntos em todas as ocasiões simultaneamente. Era como se ele tivesse se libertado de amarras, se sentiu livre para viver a vida sem culpa. Ele experimentou mais confiança quando percebeu que tinha escolhas e não devia se culpar por ter alcançado patamares altos, tanto profissional quanto social. Ele havia conseguido se destacar profissionalmente, socialmente, mas faltava autorização interna (merecimento) para desfrutar com satisfação tudo o que havia conquistado.

Depois de um tempo, esse cliente me mandou *e-mail* com uma metáfora que me marcou: "Denise, quero te agradecer porque antes do nosso trabalho é como se eu visse o mundo através de uma janela com uma cortina transparente e, depois, pude abrir a cortina e enxergar com nitidez tudo à minha frente".

A gratidão pelo trabalho estava aliada à libertação interna de se sentir merecedor. Ele tomou posse da sua vida, aprendeu a valorizar tudo o que conseguiu e, em vez de culpa, se autorizou a desfrutar do que havia conquistado.

Há outras questões que, da mesma forma do exemplo dado, também paralisam ou impedem a liberação de nossos plenos potenciais. É importante uma reflexão sobre elas.

Da insegurança à autoconfiança

Quando uma pessoa tem medo da opinião do outro em relação às suas atitudes ou pensamentos, acaba por reprimir quem é de verdade e passa a assumir um comportamento alinhado com o que acredita que esperam dela. Palavras e ações não são mais espontâneas, pois elas buscam um padrão que possa agradar aos demais. Por outro lado, quando alguém se sente pleno, inteiro consigo próprio, é tomado pela segurança de que o que vem de fora pode estimular a reflexão, sem a necessidade de se tornar o camaleão que se camufla para não destoar dos ambientes. Quando somos nós mesmos, a força da nossa comunicação está na congruência que será percebida pelo outro. Pessoas genuínas são mais eficazes nas interações porque conseguem dizer o que pensam e sentem, sem precisar ofender o seu interlocutor. E qualquer um, numa determinada circunstância, pode se sentir inseguro, hesitante e vulnerável. Ao contrário, apenas quer dizer que, independentemente da realidade que se apresenta, é possível mudar a percepção sobre ela. Com a clareza necessária, pode-se ver que, muitas vezes, o melindre, o medo ou a vergonha que conduzem à insegurança são mais um problema interno do que um ataque externo. Na questão da organização do tempo, isso é fundamental; pois esses sentimentos são drenadores de energia e aprisionam o nosso foco. Afetam a qualidade na tomada de decisão, estimulam atitudes de procrastinação, de desperdício de tempo em buscas intermináveis de mais informações, de controles exagerados e de preocupações para não cometer falhas e ser desaprovado.

Do simples julgamento à perspectiva ampla

Quando as questões externas são percebidas de forma limitada, é possível recair em equívocos e precipitações em nossas avaliações. Stephen Covey, autor do best-seller *Os sete hábitos das pessoas altamente eficazes (Editora Best Seller)*, conta uma história interessante a respeito. Um homem viu um pai entrar no trem com duas crianças pequenas. Elas estavam fazendo uma grande baderna no vagão, enquanto o responsável por elas permanecia parado, sem reação. Isso irritou o observador da cena, mas só até aquele homem, aparentemente refém dos filhos, se sentar ao seu lado e revelar uma explicação nada palatável para a situação. Ele não chamava a atenção das crianças porque estava em choque: não sabia como lhes dizer que a mãe deles havia morrido. Ou seja, a visão parcial dos acontecimentos levou ao erro inicial de interpretação e, em alguns segundos, houve uma mudança radical na opinião do homem que observava a situação. A perspectiva da cena se ampliou e permitiu uma visão do todo, em sua extensão e complexidade.

Nesse caso, bastante dramático, qualquer ser humano minimamente sensível mudaria sua visão. No entanto, em inúmeros casos, agimos exatamente como o homem do trem e a avaliação das situações é feita a partir de uma visão reduzida do quadro geral. Quanto maior o treino em abrir possibilidades, maior a chance de driblar julgamentos e ampliar a compreensão. E com relação à gestão do tempo, a visão em perspectiva aumenta a confiança, as opções de escolha e evita a protelação na tomada de decisão.

Da autopercepção à reação

Diante das situações, é possível se comportar de forma reativa ou proativa. Quando agimos de forma reativa, a resposta ao que o outro diz ou faz, em vez de uma solução efetiva, favorece a omissão, negação ou simplesmente esperar tempo demasiado para tomar uma decisão, como se estivesse esperando que "algo" acontecesse e a situação se resolvesse por si só. Ao agir de forma reativa, estamos resistindo sem enfrentar a situação de frente. E dependendo da forma como somos impactados, podemos agredir para nos defendermos ou nos acanharmos por nos sentirmos acuados ou envergonhados.

Uma cliente me contou que, apesar de receber com frequência elogio pelo seu desempenho na nova empresa, a gestora, após uma reunião disse: *"vocês falam muito e fazem pouco"*. A princípio, ela tinha certeza de que aquilo não era para ela, mas ficou a dúvida e o desconforto. Em vez de ficar se questionando por algo que não encontraria a resposta certa, decidiu perguntar a sós para a gestora se estava fazendo algo que mereceria atenção, por conta do comentário generalizado durante a reunião. A gestora disse que estava muito satisfeita com ela e sua forma de atuar, e que ela não precisava se preocupar. Essa pessoa foi proativa, se antecipou, tomou a frente, assumiu a responsabilidade e buscou uma solução para resolver o que a estava preocupando. E isso é válido independentemente se o problema em questão for positivo ou negativo.

***Somos livres para fazer as nossas escolhas,
e totalmente responsáveis pelas suas consequências.***

É uma questão de escolha: sucumbir a uma crítica ou objeção de modo reativo, se omitindo, defendendo ou atacando; ou de modo proativo, se antecipando para buscar a melhor solução e assumindo a responsabilidade por ações e resultados. Em uma reunião, por exemplo, uma contraposição ou discussão provavelmente não tem nada de pessoal, mas alguém cujas ideias são questionadas ou negadas pode se sentir pessoalmente atacado. Ouvir outras opiniões, refletir sobre elas, buscar argumentos para defender ideias, ou aceitar que elas precisam ser aprimoradas é um caminho escolhido pelos proativos; e é mais construtivo. Nós podemos aprender sempre, e para que isso aconteça precisamos nos desapegar de pontos de vista fixos.

3 MUDAR PARA MELHOR: DESAFIO OU TREINO?

As situações em que inseguranças, julgamentos e reações tomam conta das pessoas, levando-as a comportamentos indesejados, são relativamente comuns. E os efeitos colaterais costumam ser arrependimento, culpa, desconforto. Então, a pergunta natural é: como evitar que essas situações aconteçam?

Ao investir na percepção mais consciente das próprias ações e reações, o indivíduo tem a sensação de que o controle da vida volta para as suas mãos. Ele é o piloto que define suas prioridades, o general que define se a melhor estratégia é avançar ou recuar. Isso tem a ver com confiança, mas também se aplica perfeitamente a uma clara percepção da realidade e boa administração do tempo.

Os bons gestores do tempo conseguem fazer mais com menos. E isso porque eles conseguem definir as prioridades e otimizar a forma como realizam suas tarefas, aproveitando bem as horas investidas. Para maximizar os resultados, é preciso aprender a distinguir o que é importante do que é apenas urgente. Qual o segredo? Aprender a definir prioridades com base no propósito do que se quer alcançar e manter O FOCO no que é mais importante para ser feito agora. Fazer escolhas, definir o que deve ser feito antes e, ainda, saber dizer "não" sem que ninguém se indisponha com eles. Eles estão verdadeiramente no comando, assumindo os bônus e os ônus de suas escolhas, por meio de uma atitude proativa – que é também responsável.

Que tal refletir sobre como você se comporta segundo o ACT (*Awareness/Choice/Trust*) em português: (Consciência/ Escolha/ Confiança). Pergunte-se e conclua:

- Olhe para seu armário e perceba se há diversidade de cores e estilos ou se há predominância de poucas cores e estilos?
- Você costuma variar os caminhos para se deslocar para os mesmos lugares?
- Você pede sempre os mesmos pratos nos restaurantes habituais ou gosta de experimentar as novidades?
- Você prefere lugares fixos – à mesa, na cama – ou não se importa de mudar, quando isso é necessário?
- Você se interessa por assuntos e temas que lhe tragam novas perspectivas e pontos de vista, inclusive divergentes do seu, ou se sente mais confortável em manter a linha de raciocínio que considera a certa?
- Você é da opinião que o mundo se divide em certo (igual ao que você pensa) e errado (diferente do que você pensa)?

Fazer tudo sempre igual é mais fácil porque não precisamos pensar para agir; e isso pode gerar a falsa sensação de que estamos economizando tempo. Mas quando ousamos fazer diferente; mudando um simples hábito como escovar os dentes com a mão não dominante e se divertir com a dificuldade, alterar um caminho para chegar a um local rotineiro e observar o caminho com o olhar repleto de curiosidade; usar uma cor ou estilo de roupa que não é o habitual.

Essas são atitudes que nos possibilitam perceber que, na prática, entre o preto e o branco existem vários tons de cinza.

Na prática, o ACT é exatamente isso: ampliar a consciência, aumentando o número de escolhas, porque isso nos torna mais confiantes e confirma que existem mais possibilidades do que percebíamos antes de tentar fazer diferente. Experimente!

O insubordinável

Se há algo que nunca ninguém vai conseguir controlar é o tempo. É possível fazer bom uso dele, investi-lo adequadamente ou até ter a (falsa) sensação de que o está economizando ou controlando; mas, ainda assim, ele nunca se renderá a qualquer desejo ou meta. O tempo tem características próprias:

- **É inelástico** – Ninguém consegue esticar uma hora ou um dia.
- **É inexorável** – Ninguém pode pará-lo ou modificá-lo.
- **É democrático** – Não importa a posição ou as posses das pessoas, todos os seus dias têm 24 horas.
- **Não se pode armazená-lo** – Não há como guardar horas, nem dias, nem mesmo um minuto.

E a única certeza é que, bem ou mal aproveitado, ele irá passar.

Se é certo que o tempo não faz nenhum acordo ou concessão – e que cada dia exerce sua única função, a de passar – então, não é com ele que precisamos aprender a lidar. O que cada indivíduo precisa é se conhecer mais para saber o que de fato quer, quais são os seus interesses reais, desejos e medos mais profundos. O medo pode nos paralisar e nos impedir de fazer as melhores escolhas, por acreditarmos que algo é impossível. A base da gestão do tempo está na tríade: autoconhecimento, propósito e autoestima. E eu vou apresentar cada um desses pilares ao longo deste livro.

Estudando, praticando, aprendendo todos os dias e atendendo muitos profissionais ao longo dos anos, hoje posso afirmar com segurança que quanto mais nos conhecemos mais fácil será mudar o que não está bom. Quanto mais clara for a razão pela qual fazemos uma escolha, mais satisfação teremos em alcançar o que buscamos. E quanto mais aceitação e respeito tivermos por nós mesmos, mais fácil será lidar com os outros e com as situações em geral.

Agora eu proponho uma parada para você analisar como distribui o seu tempo na Roda do Tempo. Não existe resposta certa, nem a necessidade de ser preciso, só não vale o autoengano. Não é o que você acha certo, e sim o que você faz normalmente.

4 A RODA DO TEMPO

É uma boa forma de descobrir como você está distribuindo o seu tempo. Você pode fazer a Roda do Tempo para avaliar – um único dia útil, um final de semana, um período de férias – como você distribui o seu tempo, em dinâmicas diferentes.

Como preencher a Roda do Tempo

A Roda do Tempo é formada por 24 fatias que representam as 24 horas. O exercício consiste em formar os conjuntos de tempos que representam cada atividade; tais como dormir, se cuidar, se alimentar, trabalhar, se locomover, se divertir. Eu sugiro que você considere tempos aproximados, porque o propósito deste exercício é ajudá-lo a visualizar como anda a distribuição do seu tempo hoje.

A forma correta aqui é a sua, por isso o preenchimento depende do momento de vida de cada um. Quando estamos sozinhos, a divisão é diferente de quando temos um companheiro. E muda ainda mais quando chegam os bebês. Filhos crescidos, novas mudanças. Pais mais velhos, mudança, promoção, mudança. O objetivo principal é levá-lo a perceber como você está distribuindo o seu tempo e o nível de satisfação que está experimentando. Às vezes, estamos dedicando muito tempo para uma ou poucas áreas, que somos obrigados a deixar outras de lado ou mesmo esquecidas. Ao observar, de forma mais clara, quais são os pontos que se forem melhorados poderão trazer mais fluidez e satisfação pessoal, verificaremos que a nossa Roda começará a se mover a nosso favor. Pequenos ajustes podem gerar grandes mudanças, porque eles vão se somando. E isso nos possibilita sair do estado atual para o estado desejado. Aqui o ACT está novamente presente, quando você reconhece que tem mais escolhas aumenta a confiança e amplia a consciência (seu modelo de mundo).

Um exemplo de como preencher a sua Roda do Tempo:

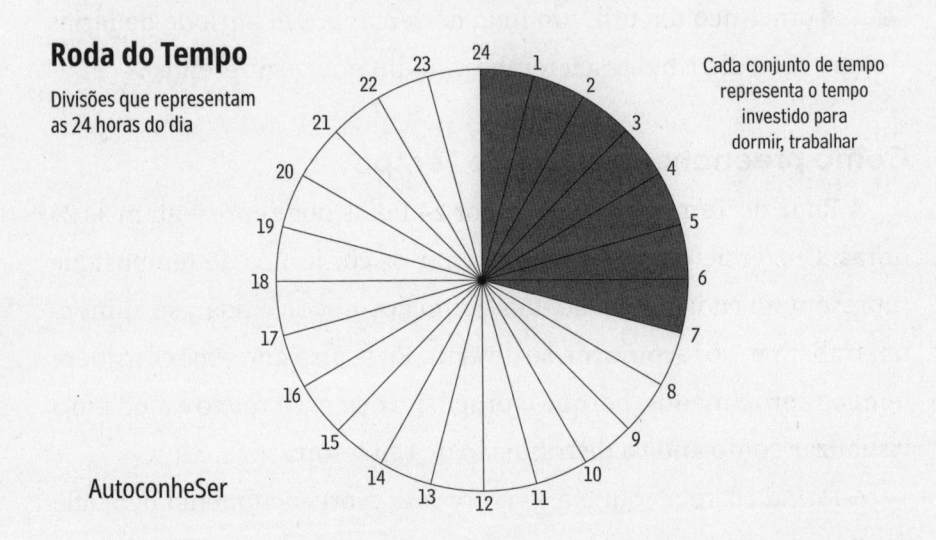

Roda do Tempo

Divisões que representam as 24 horas do dia

Cada conjunto de tempo representa o tempo investido para dormir, trabalhar

AutoconheSer

Cada fatia representa 1 hora. Forme os conjuntos de tempo agrupando o número de horas que investe em cada atividade; e se preferir, você pode colorir os conjuntos para ficar mais atraente. Preencha não o que gostaria, e sim o que faz no dia a dia. Para primeiro exercício, considere um dia útil comum.

- Quantas horas você investe em sono por noite?

- Quantas horas você investe em você? (higiene pessoal/manhã e noite/ descansar/atividade física/ estudar/*hobby*/ meditação)
- Quantas horas você investe em deslocamentos? (idas e vindas; do trabalho, da academia etc.)
- Quantas horas você investe no trabalho?
- Quantas horas você investe em alimentação? (média de tempo incluindo todas as refeições)
- Quantas horas você investe na família (convívio/filhos/tarefas familiares)?
- Quantas horas você investe em lazer (diversão/vida social), acompanhado ou sozinho?
- Quantas horas você investe na relação a dois? (afetiva)

Ao final, olhe para a sua Roda do Tempo e se pergunte:

1) Qual é a predominância?
2) O que eu estou deixando de lado?
3) O que eu gostaria de fazer diferente? O que me impede?
4) Como eu me sinto quando olho para a minha Roda do Tempo?
5) O que eu posso fazer diferente para sentir mais satisfação com a distribuição dos meus investimentos de tempo?
6) Essa roda está em condições de girar ou existem áreas que precisam de mais investimento para tornar a roda capaz de girar?

Você pode excluir uma ou mais áreas temporariamente, se for conveniente, desde que esteja atento às consequências que essa exclusão irá causar. Se você excluir lazer e social do dia comum, mas garantir que esteja presente nos finais de semana, isso não se encaixa como exclusão.

Talvez você possa definir algumas metas que o ajudariam a obter a Roda do Tempo ideal para você.

Existem dois tipos de metas: aprendizagem (processo) e de *performance* (desempenho). Você vai saber mais sobre isso ao longo deste livro. Na página 182, você encontra mais informações sobre metas.

As metas de aprendizagem (processo) irão suportar o alcance das metas de *performance* (desempenho). Se você deseja conseguir um tempo maior só para você (meta de *performance*) será preciso algumas metas de aprendizagem menores para chegar ao estado desejado. Por exemplo: **eu quero um tempo para tomar o café da manhã todos os dias,** é a meta de *performance*. Para alcançá-la você precisa adotar algumas metas de aprendizagem:

1) Determinar um horário para se levantar todos os dias que garanta "o seu tempo" para o café da manhã;

2) Organizar espaços e tudo o que possa economizar o tempo quando acordar;

3) Talvez você precise aprender a pedir ajuda para os seus familiares;

4) Para incorporar um novo hábito (tomar café todos os dias), você precisa de disciplina para manter o seu propósito durante pelo menos 60 dias, repetindo continuamente.

Ao final desse período, o benefício de ter conseguido algo que desejava será maior do que a preguiça de querer ficar mais uns minutinhos na cama em detrimento do café da manhã. Ao manter o ritual que lhe permitirá tomar o café da manhã todos os dias, como desejou, vai gerar a satisfação de deliberar uma meta e perceber que é capaz de alcançá-la. E isso fortalece a autoestima e o respeito por si mesmo.

Defina uma meta de performance de cada vez. Sim, cuidado para não querer mudar tudo na sua vida de uma só vez. Isso só irá sobrecarregá-lo e gerar frustração. Mas a boa notícia é que ao buscar alcançar uma meta de *performance* de cada vez, estaremos trazendo para a nossa realidade uma série de pequenas mudanças e hábitos transformadores na nossa forma de agir. Certa vez, eu atendi um cliente de *coaching* que se queixava de falta de tempo para almoçar. Apesar da irritação que isso lhe causava, ele não encontrava o tempo necessário para almoçar. Como diretor do departamento e formado em farmácia, ele era totalmente descuidado com as próprias necessidades e a sua saúde não ia muito bem. Antes de mais nada, precisou aprender a reservar na agenda um tempo para se alimentar; e ser firme com as urgências e interferências que surgiam para desviá-lo do objetivo. Ele conseguiu! E me contou repleto de felicidade que estava conseguindo manter um horário todos os dias para almoçar. Talvez, para muitos, essa meta pareça algo irrelevante e óbvia, fácil; mas, para ele, o desafio foi grande e a vitória mereceu ser celebrada!

5 VOCÊ E O TEMPO - O SEU TEMPO É A SUA VIDA!

Para mim, TEMPO não é dinheiro, TEMPO É VIDA!

O dinheiro é substituível, o tempo não.

O dinheiro você pode poupar para gastar depois, o tempo não.

O dinheiro você pode acumular, o tempo não.

Para cada SIM dito para algo ou alguém, um NÃO será dado para alguma outra coisa. A questão é reparar para quem os NÃOS são mais direcionados. Se forem para si mesmo, em prol de dizer SIM para agradar aos outros, é preciso atenção. A resposta positiva a alguém pode ser apenas uma atitude reativa, baseada em medos e inseguranças, e merece uma pausa.

Quando digo aos meus clientes que todos precisamos aprender a dizer não para cumprir as prioridades, não raras vezes eu escuto: "Denise, isso é fácil de dizer, mas não de cumprir quando se trata do chefe, do cliente, da mulher, do marido, dos filhos...".

Nessas horas, repito aquela frase de Henry Ford: "Se você pensa que pode ou se pensa que não pode, dos dois jeitos você está certo". O que está por trás dessa frase?

O pior adversário que o tenista pode ter não é aquele que está do outro lado da quadra, afirma Tim Gallwey, mas aquele que está na sua cabeça.

6 O CAMINHO ENTRE A E B

Aumentar a consciência sobre a própria maneira de pensar e agir não traz imunidade aos impactos internos ou externos da vida. A correria do dia a dia impede a reflexão, e o estresse alimenta crenças limitantes que nos fazem sentir fracos ou impotentes perante as situações. Há muitas pressões da sociedade que contrapõem as reais necessidades das pessoas, e o mundo pede constante adaptação a padrões e modelos de conformidade que nem sempre fazem sentido. As revistas e redes sociais nos mostram como devemos nos comunicar e o que vestir. Nos filmes, nas séries, nos *posts*, ou mesmo no ambiente corporativo, são oferecidos inúmeros modelos de como pensar e se comportar; e de certa forma aqueles que seguem as normas e obtêm sucesso se tornam nossos modelos e referências. Surge uma imagem idealizada que adotamos para nós mesmos e que buscamos manter perante o mundo, o que pode ser extremamente demandante e cansativo. Principalmente quando existe uma discrepância entre o modelo idealizado e o próprio jeito de ser. Se uma pessoa está com baixa autoestima e com uma ambição alta de realização profissional e social, ela pode experimentar a sensação de que não será capaz de conseguir o que almeja porque não é boa o suficiente. Ou ainda não conseguir contabilizar seus acertos e conquistas porque elas estão aquém de sua ambição. Mas há luz no fim do túnel, pois, apesar da pressão externa, existe **um sentimento interno**, que está sempre lá, disponível. É ele que poderá nos conduzir a nos tornarmos a imagem real de nós mesmos.

Então, a situação de incômodo ou inquietação positiva, para algumas pessoas, pode se transformar em motivação. Sendo A o momento atual e B o desejado.

Segundo as bases do *The Inner Game®*, que se aplica perfeitamente a minha visão de gestão do tempo, a travessia entre esses dois pontos, A e B, leva o nome de MOBILIDADE. O termo é diferente de uma simples MUDANÇA, pois precisa de ingredientes específicos para de fato acontecer. A origem do conceito de MOBILIDADE está nas reflexões de um executivo, amigo de Tim Gallwey, que reunia a praticidade de um homem de negócios e a sensibilidade de um filósofo. Para preservá-lo, Tim o chamou de EF. Os trechos transcritos a seguir estão entre aspas porque fazem parte das anotações de EF, mencionadas no livro *The Inner Game® of Work* (Random House), de Tim.

> *Nas últimas décadas, eu tenho me engajado em conversas com muitos executivos. Um deles, EF, para preservar sua privacidade, é um dos mais bem-sucedidos em executar metas e sonhos; e aprendi muito nas conversas com ele, geralmente durante jogos de tênis. Esses textos chegaram as minhas mãos em uma folha de papel que ele tinha imprimido em seu computador. Ele me disse: 'Tim, nesse texto há uma descoberta sobre o tema de que estivemos falando. Interessa-me saber sua opinião'. E Tim pegou a folha com grande expectativa.*

Para EF, quando as pessoas sentem certas frustrações, tendem a pensar que fazer meras mudanças irá arrumar tudo. Mas mudanças aleatórias produzem resultados aleatórios.

As mudanças só são de valor quando estão sincronizadas com todos os outros elementos e tomam lugar na proporção correta. Mobilidade nos dá a capacidade de nos mover, mas não a razão para que o movimento aconteça. Por isso, é tão importante uma direção. Sem ela, nenhuma mobilidade bem-sucedida acontece.

Em outras palavras, **mobilidade** é a capacidade de se mover em direção aos resultados desejados de uma maneira que seja ao mesmo tempo gratificante e oportuna. É o ato de estabelecer uma direção clara, e assim alcançar objetivos, mas com crescimento, dignidade e sensação de prazer. É um casamento entre realizações internas e externas.

Segundo a metodologia *The Inner Game®*, os cinco elementos que fazem parte do conceito de mobilidade são:

1) Conceda-se o direito à mobilidade, porque você já o tem. (autoestima)

2) Tenha o mais claro possível uma imagem de para onde você quer ir. (autoconhecimento)

3) Esteja motivado para fazer mudanças dentro de sua mudança. (aprender sempre)

4) Mantenha seu propósito claro. (imagem clara de onde você quer chegar)

5) Mantenha seu movimento e direção sincronizados.

Quando aplicados à gestão do tempo essa visão se encaixa perfeitamente, pois alinha propósito, movimento e direção. E a essa realidade podemos somar mais um postulado: cuida bem do seu tempo aquele que cuida bem da sua própria vida. Quem usa os cinco passos da mobilidade, descritos anteriormente, reconhece que o seu tempo é valioso. Que o seu tempo é a sua VIDA.

Para que conservar o que não serve mais? O prazo de validade não se aplica somente aos alimentos. Existem crenças (coisas que acreditamos) que foram úteis numa determinada época ou para um fim específico, mas que não servem para nada agora. No Brasil, na época da escravidão, era comum a crença de que "manga com leite mata". Essa crença favorecia os senhores que impediam o escravo de comer a fruta e ainda tomar o leite, mas tem gente que ainda hoje não come a fruta e toma leite porque acredita que é veneno. Hábitos, comportamentos e atitudes também têm o prazo de validade vencidos. Anos atrás, uma mulher que amamentasse um bebê em público ou mostrasse a barriga da gravidez na praia chocava a sociedade (como fez a atriz Leila Diniz nos anos de 1971 ao se deixar fotografar de biquíni sem a famosa cortininha que cobria a barriga das grávidas). Hoje, mostrar a barriga é algo natural e comum entre as mulheres grávidas; e amamentar um bebê, aonde quer que seja, um ato de amor.

É preciso aprender a deixar ir o velho para receber o novo, que se adéque mais ao nosso momento. O movimento é constante e você precisa aprender a lidar com todas as situações boas e as não tão boas, com a certeza de que tudo passa e se renova. O importante é não continuar repetindo o que não está funcionando, se queixando e buscando os culpados pelos desconfortos e fracassos. Em todas as ocasiões, temos oportunidade de aprender e evoluir. Mas para que isso aconteça, precisamos nos conhecer, ter claro o que estamos buscando, mesmo que depois possamos ampliar ou mesmo mudar o objetivo. Você será sempre o único responsável pela sua vida. Assumir o protagonismo da nossa história aumenta o poder pessoal e a capacidade de gerenciar o nosso tempo.

7 COMO O APA INFLUENCIA A GESTÃO DO TEMPO

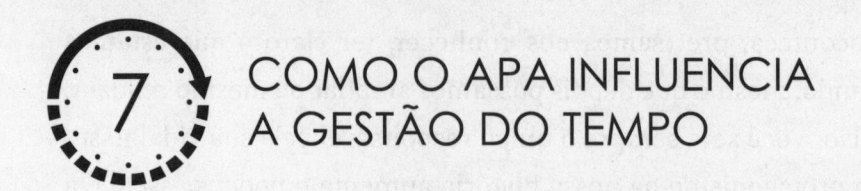

Os três pontos do APA (Autoconhecimento/Propósito/Autoestima), não necessariamente nessa ordem, estão contidos neste livro e permeiam os capítulos com exemplos de histórias verídicas e nomes fictícios para preservar as pessoas. Para você aprimorar, inovar, desenvolver – ou aprender um modo único de gerenciar o seu tempo e obter os melhores resultados com menos esforço – assuma o comando da sua vida e desfrute o seu tempo da melhor forma. Como eu já disse anteriormente, a cada fase da vida, enfrentamos demandas diferentes e precisamos perceber a oportunidade para não continuar fazendo o que já não é mais necessário.

Autoconhecimento

Conhece-te a ti mesmo. Inscrição na entrada do Templo de Delfos – e que serviu de inspiração para a filosofia de Sócrates. O autoconhecimento é um movimento de autodescoberta que nunca termina. Quem olha para fora sonha e quem olha para dentro desperta, dizia Carl Gustav Jung. Autoconhecimento é o conhecimento que uma pessoa tem sobre si mesma. A cada momento, é possível descobrir algo sobre nós mesmos. Podemos nos surpreender, nos encantar, nos amedrontar e fazer coisas que supúnhamos não ser capazes, dependendo das circunstâncias.

Algumas reflexões para ampliar o autoconhecimento. Pergunte-se:

- Quem sou eu?
- Para que estou neste mundo?
- Qual é a minha missão de vida?
- No que eu acredito sem vacilar?
- Quais as minhas maiores dúvidas?
- Qual é a percepção que eu tenho de mim mesmo?
- O que eu aprecio em mim?
- Qual é a imagem que eu tenho de mim mesmo?
- Qual é o meu "eu" idealizado?
- Quão próximo ou distante eu me encontro dessa pessoa que desejo ser? Como eu me descrevo?
- Quais as minhas características marcantes e quais delas eu aprecio e valorizo?
- Quais eu não gosto e procuro esconder?
- Quais as minhas preferências?
- O que me motiva?
- E o que me desmotiva?
- Quais os meus medos?
- Meus talentos?
- Minhas fraquezas?
- Quando e onde me percebo mais forte?
- Quando eu me percebo mais fraco?
- O que me deixa inseguro, triste, acanhado, fraco e como eu reajo?

- O que eu gosto em mim?
- E o que não gosto?
- Que impacto eu causo nos ambientes e nas pessoas?
- Como eu desejo ser visto pelos outros?
- Como eu gostaria de ser lembrado, qual é o meu legado?
- Quais os comportamentos, hábitos e atitudes que norteiam a minha forma de gerenciar o meu tempo?

Propósito

É a clareza de algo que desejamos conseguir. Quanto mais claro for o propósito, mais chance de alcançar o objetivo desejado com êxito. Mas não basta ter a clareza do que se quer, é preciso construir um caminho e seguir por ele na imaginação, para gerar o sentimento que irá sustentar as ações até conseguirmos chegar aonde desejamos estar. O propósito pode ser algo simples ou complexo: realizar uma simples tarefa como fazer um bolo de aniversário para o meu filho, organizar meu espaço de trabalho e documentos importantes, planejar uma viagem, adquirir uma nova competência, mudar um hábito, aprender algo novo, conseguir uma promoção, constituir uma família, comprar uma casa, realizar um projeto de vida. Quando o propósito está claro, na nossa mente e no nosso coração, não vacilamos até alcançá-lo. Mas isso não invalida a importância do planejamento. Sim, porque é o planejamento que me traz para a realidade e me permite avaliar os recursos necessários para alcançar o que desejo. E o planejamento me ajuda a perceber quais etapas eu preciso alcançar para chegar ao objetivo final; e o tempo que posso levar, dependendo de como estou me estruturando para fazer a caminhada. Quando falo de propósito, gosto de citar uma das histórias mais impressionantes do período da

Segunda Guerra Mundial, que é a de Viktor Frankl. Desde os quinze anos de idade, ele já se interessava pelo comportamento humano e se correspondia com Sigmund Freud. Depois, estudou medicina e psiquiatria e conquistou um lugar na academia, mas sua carreira foi tragicamente interrompida durante a segunda grande guerra, com a perda de sua esposa e outros parentes para o holocausto. No seu livro *Em busca de sentido* (Editora Vozes), Frankl relata suas experiências como prisioneiro de um campo de concentração e explica o método psicoterapêutico que aplicou em si mesmo a fim de encontrar um sentido para aquela situação. Ao legitimar todas as formas de existência, mesmo aquela em que ele se encontrava, descobriu ser possível encontrar uma razão para continuar vivendo e criou para si uma sofisticada e corajosa meta de aprendizagem. A meta era: "o homem, por força de sua dimensão espiritual, pode encontrar sentido (propósito) em cada situação da vida e dar-lhe uma resposta adequada". E foi o que buscou dia após dia naquele campo de concentração. Não é uma questão de alienação. Ao contrário, é a presença consciente que pode trazer os caminhos para lidar com qualquer situação, até mesmo as mais sórdidas. No caso de Frankl, conta-se que ele usava o poder da imaginação para sentir o tecido das cadeiras do salão onde daria suas palestras quando sobrevivesse à guerra e saísse daquele lugar. Ele realmente conseguia se manter conectado com seu *Self 2* e o ouvia e o sentia, mesmo nos momentos mais cruéis e humilhantes. Acreditava que era possível sair daquela situação trágica e partir para algo bem melhor. Seu livro, *best-seller* em diversos países do mundo, e sua brilhante carreira como pesquisador e professor provaram que essa **voz interior (***Self 2***) estava certa.** Bendito *Self 2* que o manteve conectado com sua melhor parte, mesmo vivendo em situação de penúria.

Algumas dicas para definir propósitos claros:

- Defina o que você espera de você mesmo.
- Avalie o seu momento atual de vida e pense no que você gostaria que fosse diferente.
- Reflita sobre o que você acredita que está ao seu alcance para gerar a mobilidade do momento atual para o desejado.
- Propósito só funciona para você e nunca para o outro.
- Comece a definir um propósito claro para cada área da sua vida.
- Crie um plano de ação para tornar a caminhada desafiadora e motivadora. Estabeleça limites de tempo exequíveis. Comemore cada etapa vencida.
- Aja com disciplina e coragem para se manter na linha; e principalmente, se necessário, recuar antes de voltar a avançar.
- Pense na sua vida como um todo, o que você já viveu, está vivendo e ainda quer viver.
- Assuma o comando e escreva a própria história, sonhe alto, ou não. Tudo é válido quando nos traz a sensação de que estamos no caminho certo.
- Busque um sentido para o que está deliberando. Isso é liberdade de escolha!

Autoestima

Uma definição que gosto para autoestima é que ela é a imagem que cada um tem de si mesmo. Então, se você chegou a se perguntar: o que a autoestima tem a ver com gestão do tempo? A resposta é: ***tudo***.

A autoestima bem nutrida permite que a pessoa seja mais humilde e aceite que o outro também tem valor, conhecimento, boas ideias; assim como reconheça o seu próprio valor. Isso economiza tempo em discussões. As pessoas que estimam a si mesmas são generosas, sentem menos necessidade de julgar e criticar, aceitam a diversidade, a opinião contrária – mesmo quando não concordam – e sabem expor sua posição com elegância. Sentem menos necessidade de controlar o outro. Não esperam a aprovação alheia para seguir em frente, nem encaram o outro como ameaça. Ou seja, menos conflitos e mais eficácia. A alta autoestima aumenta ainda a possibilidade de se sentir otimista para enfrentar uma situação difícil, para ter objetivos mais ousados. Isso amplia a chance de soluções que otimizam o tempo de todos.

Outra grande vantagem daqueles que têm uma boa autoestima é tomar para si a responsabilidade pelas próprias escolhas, o que expande o potencial para alargar as fronteiras. Por confiarem que merecem tudo o que conseguiram, eles aceitam os desafios com coragem, confiantes de que podem sempre obter o melhor. Nas derrotas, não esmorecem e aceitam que um erro sempre pode ser corrigido e trazer algum aprendizado. Quem tem boa autoestima não se deixa facilmente levar pelas críticas do outro e, principalmente, do *Self 1*. E isso não significa ser negligente, aceitar ou gostar de errar; mas, se o erro aconteceu, não adianta escondê-lo ou buscar culpados para se safar. Isso é coisa do *Self 1*. O melhor é considerar que só erra quem faz e buscar uma forma de corrigir o que deu errado. Aprendendo, pedindo ajuda, reconhecendo que precisa melhorar para evitar cometer o mesmo erro.

Por vezes, precisamos de muita força de vontade para polir nossa autoestima e retirar toda a craca que se formou ao longo de uma vida. E lembrarmo-nos de que o *Self 1* aproveita qualquer brecha para tentar minar a autoconfiança. Temos de estar atentos, cuidando do que pensamos e dos diálogos que estabelecemos dentro da nossa cabeça. Podemos combatê-lo e, assim, investir no nosso livre potencial, aquele que traz brilho e conquistas. Ter boa autoestima não nos torna anjos, ou pessoas especiais, apenas mais resilientes e capazes de nos reorganizarmos diante das dificuldades ou de um baque inesperado.

> *(...) Nosso medo mais profundo não é o de sermos inadequados. Nosso medo mais profundo é de sermos poderosos além de qualquer medida. É a nossa luz, não as nossas trevas, o que mais nos apavora. Nós nos perguntamos: — Quem sou eu para ser brilhante, maravilhoso, talentoso e fabuloso? Na realidade, quem é você para não ser? (...) E conforme nos libertamos do nosso medo, nossa presença, automaticamente, liberamos os outros.*
> **(Trecho do discurso de posse de Nelson Mandela)**

Quem tem alta autoestima sente mais facilidade para expor as próprias ideias, aceitar desafios no trabalho e na vida com a certeza de que poderá aprender o que ainda não sabe. Também está aberto para aprender com os mais velhos, mais jovens, mais preparados e os menos instruídos. Porque tem clareza que sempre podemos aprender algo novo com alguém, assim como podemos ensinar se não tivermos dificuldade de compartilhar conhecimento.

Algumas dicas para polir a sua autoestima:
- Declarar somente coisas boas sobre você mesmo.

- Mudar hábitos e comportamentos que fazem você se sentir inferior.

- Entender que a vida é uma peça de teatro que não aceita ensaio. Faça o melhor sempre, por você e para você.

- Assumir a responsabilidade e o controle sobre suas ações. Buscar soluções em vez de culpados.

- Calar a voz do *Self 1* e aumentar a conexão com o *Self 2*.

- Sentir gratidão por tudo o que você viveu e aprendeu.

- Acreditar que você merece o que você quer.

- Celebrar seus dias, suas vitórias, reconhecer seus avanços.

- Ter atitudes congruentes com seu discurso.

- Reconhecer a sua verdadeira intenção ao se comunicar (ser genuíno, verdadeiro consigo e com os outros).

CAPÍTULO
II

TEMPO DE INVESTIGAR
Uma lição impactante!

"Quando a mente está livre de qualquer pensamento ou julgamento, ela age como um espelho. Então, e só então, podemos ver as coisas como elas são."
Tim Gallwey

Diante das pessoas e situações, você sempre poderá concordar, discordar ou refletir antes de seguir em frente.
Denise Lovisaro

1 UMA LIÇÃO IMPACTANTE

Beth reunia todas as características de uma secretária-executiva perfeita. Organizada, atenta, detalhista, poliglota, comprometida e disponível para atender o seu chefe com eficácia. Trabalhou para grandes corporações e sempre foi elogiada pelos resultados. Ficar até depois do horário nunca foi difícil nem questionado por ela. Ao contrário, dava um jeito de se reorganizar com seus próprios compromissos pessoais, pois, em seu quadro mental, uma secretária-executiva deveria acompanhar o horário do chefe. Tal dinâmica se mostrou particularmente verdadeira quando trabalhava para um alto executivo expatriado que, sem os familiares no Brasil e com uma vida social restrita, avançava constantemente os limites do expediente de Beth. Compromissos e cobranças de familiares e do marido, com quem havia se casado recentemente, eram contornados por ela; que não via alternativa a não ser manter a rotina que sempre fez parte da sua vida. Na posição de coordenadora do *pool* de secretárias, era sempre a última a deixar o escritório. Desmarcar compromissos com amigas e se desculpar com o companheiro pelos constantes atrasos era o habitual. Até que, um dia, algo surpreendente aconteceu.

Beth foi chamada à sala de seu chefe e recebeu a notícia de que ele seria transferido de volta à Alemanha. A princípio ficou chateada, afinal era um executivo admirado por todos na empresa, educado e com quem sempre se dera bem. Mas o que ele pediu a ela antes de sair causou muito mais do que espanto. Era algo que mudaria a percepção de suas crenças profissionais para sempre.

— Beth, eu preciso de sua ajuda para aprender a ser mais organizado e disciplinado daqui para frente!

— Que bom! – Ela, que valorizava essa qualidade em si mesma e nos outros, por um instante pensou que tinha sido boa influência para seu chefe, até que...

— A minha secretária na Alemanha será a Lara e, como você a conhece, sabe que ela jamais terá a paciência e dedicação que você teve nesse tempo em que trabalhamos juntos. Ficar até mais tarde, nem pensar! Elas são rigorosas com seus horários de entrada e saída. Vou ter de me acostumar a trabalhar somente durante o expediente se quiser ter a secretária por perto. Você pode me ajudar?

Chocada com a naturalidade com que ele explicou suas motivações para se organizar, pela primeira vez, ela reconheceu a sua responsabilidade naquilo que vivenciava todos os dias. Era a mesma pessoa lidando com a secretária, mas de duas formas completamente diferentes. Com ela, não havia horário fixo para deixar o escritório; e sempre eram possíveis trabalhos e reuniões depois do expediente. Com Lara, a nova secretária, o que havia era a preocupação dele em se organizar! Beth tinha noção de que as colegas da Alemanha, inseridas em uma cultura onde colocar limites é o natural, não estariam dispostas a sair mais tarde. Mas daí para o chefe se preocupar em aprender um novo modo de trabalhar a fim de respeitá-las... era demais! Especialmente porque em nenhum momento ele se deu conta do que fez durante o tempo em que trabalharam juntos. Estava começando a ficar furiosa **quando uma voz veio a sua cabeça para dizer:** "Ele não fez nada, foi você que consentiu em permanecer depois do horário para não o contestar".

Pela sua cabeça, como um filme em alta velocidade, passou tudo o que tinha deixado passar para atendê-lo. As frustrações por não estar presente em eventos familiares e encontros com amigos, ou mesmo junto ao marido em momentos de lazer. Mas, como sempre, recuperou o controle, administrou a emoção e se preparou para ensiná-lhe. Em sua mente, de novo a voz: "Que ironia, ter que ensinar a ele como fazer o que eu sempre quis, mas achava impossível...".

Apesar da decepção, Beth, sempre reflexiva, acabou concluindo que aquela tinha sido a melhor lição para reconhecer o quanto uma pessoa é a única responsável pelos resultados que obtém de suas escolhas, sejam elas conscientes ou não.

Essa história real ilustra alguns conceitos fundamentais sobre a gestão do tempo, especialmente porque a situação indicou, de forma clara, onde estava o gargalo e quem o estava causando. Mas também nos permite introduzir o principal fundamento do *The Inner Game®* que é esse diálogo interno.

2 QUE VOZ É ESSA?

> *Eu, gradativamente, percebi que as minhas instruções muito bem intencionadas eram internalizadas pelos meus alunos como um método de controle, que estava comprometendo suas habilidades naturais de aprendizado. Em outras palavras, o tipo de treinamento baseado na correção estimulava a "voz" crítica interna dos tenistas e os colocava em um estado mental muito diferente daquele relatado pelos atletas vitoriosos. Foram insights assim que me ajudaram a desenvolver o método The Inner Game®.* **(Tim Gallwey)**

A citação anterior ilustra essa voz que todos temos operando internamente. E, principalmente, como nasceu a metodologia *The Inner Game®*. A mesma voz que a Beth ouvia quando achava que não podia questionar o chefe, e que a fez se sentir mal quando precisou ensinar organização a ele. A voz que provocou raiva trouxe o veredicto do quanto fora ingênua e medrosa. No caso dos esportistas, essa voz se manifesta quando amedronta e desqualifica as possibilidades: "Eu nunca vou conseguir jogar bem golfe (essa é voz típica do meu *Self 1*)", "eu não tenho a menor chance de ganhar se jogar com o Paulo, ele é ótimo e eu sou um desastre", e assim por diante. O importante é perceber que essa voz – seja ela do golfista, da Beth, a sua, a minha, ou de qualquer indivíduo – é aquela que encontra uma forma de apequenar quem a ouve porque é sempre impregnada de crítica, julgamento, crenças limitantes; e tudo o que não nos permite reconhecer o nosso próprio valor individual.

O Tim Gallwey afirma que é interessante ouvir o que os atletas campeões respondem quando questionados sobre onde estava o seu pensamento durante as vitórias. A resposta sem hesitação costuma ser: **no jogo ou no prazer de jogar.** Ou seja, suas mentes estavam quietas e **focadas** naquilo que faziam. Estavam literalmente vivendo no aqui e agora, desfrutando de sua realização; em vez de se preocupar se estão certos ou errados, ou se estão fazendo o movimento exatamente como o instrutor orientou. Eles estão simplesmente jogando. Assim o jogo flui para ele. Gustavo Kuerten, o Guga, tricampeão de Roland-Garros, é considerado o maior tenista masculino da história do Brasil (e um dos maiores tenistas da história do tênis mundial). É em junho de 1997 que Guga inicia a maior virada de sua vida. O palco é Roland Garros, o torneio de tênis mais charmoso do mundo. Após o jogo contra Agassi, Guga faz a seguinte declaração no seu livro:

> *Minha cabeça estava funcionando perfeitamente hoje, tudo estava dando certo e eu fiz uma partida incrível. Acho que acordei hoje realmente para fazer isso. Estou muito orgulhoso de mim mesmo e de ser brasileiro. Tenho certeza que fiz um domingo feliz para todos e para mim. É o dia mais feliz da minha vida (...) É estranho, realmente não acreditava que poderia ser número um. Talvez isso tenha sido bom, porque não me pressionei e, quando entrei em quadra, estava muito tranquilo, como se fosse um jogo*

estadual. Foi um ano de muito sucesso para mim, para a ATP, com todo mundo querendo ganhar e, depois de vencer o Kafelnikov, o Sampras e o Agassi, acho que realmente mereci ganhar este título. Mas, também, se tivesse perdido e o Safin tivesse ficado como o número um, não teria me importado, sei que estaria em boas mãos. O Safin foi a grande estrela desta corrida e brigamos até o último momento para isso acontecer.

A alta *performance* começa quando o potencial do jogador está livre de interferências (pensamentos e sentimentos restritivos) que limitam a sua atuação ou cobram resultados antes mesmo de começar. Ou seja, quando nos sentimos pressionados – para não falhar, não errar, não esquecer – isso causa preocupação e medo, e esses contribuem para que o pior aconteça. São as atitudes – que tomamos em qualquer contexto pessoal ou profissional – que podem nos levar ao fracasso. Elas são ouvidas dentro da nossa cabeça como uma ameaça que sabota e nos enfraquece antes mesmo de atuarmos. Conseguimos driblá-las quando fazemos o que precisa ser feito, sem nos preocuparmos em acertar, agradar ou ser aprovado pelo outro. E isso não significa que devemos deixar o barco à deriva, e sim fazer o que precisa ser feito, tendo a clareza de que estamos preparados para atuar – com conhecimento, planejamento e organização – para alcançar o que desejamos.

Mas, afinal, quem é essa voz que nos critica e tenta nos direcionar o tempo todo?

Como expliquei anteriormente, nos anos 1970, Timothy Gallwey (que também chamamos de Tim) era estudante de psicologia de Harvard, capitão do time de tênis e instrutor (*coach*) de tênis. Ele estava sempre em busca de orientar os seus alunos a obterem os melhores resultados. Pela observação, ele notou que as melhores marcas vinham quando, em vez de passar instruções precisas aos esportistas sobre o que fazer para jogarem melhor, ele os distraía com alguma instrução de menor relevância. O objetivo era o de baixar o nível de autocrítica e a obsessão pelo "fazer certo". Ele dizia, por exemplo: *procure prestar atenção na costura da bola quando ela estiver vindo em sua direção e não se preocupe se irá acertar ou não a batida*. Aquela recomendação parecia irrelevante para o jogo e até um pouco absurdo, mas o incrível aconteceu, e os esportistas que seguiam suas indicações começaram a acertar mais batidas e ter muito mais fluência no jogo. Como dissemos no tópico anterior, Tim Gallwey chamou essa metodologia de *The Inner Game®*, (O jogo interior); quanto a indesejável voz crítica, que existe em todos nós, ele a denominou *Self 1*.

A base do método *The Inner Game®* é a observação desse diálogo que todos temos em nossas mentes, como se fosse uma conversa interna. Ela costuma ser prejudicial porque gera dúvidas, nos confunde e pode nos amedrontar a ponto de acreditarmos que nem vale a pena tentar algo, pois parece impossível (medo irreal). Para algumas pessoas, essa voz é tão severa e crítica que as afasta dos objetivos mais ousados ou contribui para torná-los mais difíceis de serem alcançados. O diálogo interno provocado por essa voz é alimentado por um sistema de crenças limitado (modelo mental), e pode ser tão devastador que é capaz de gerar uma paralisia, seja no campo pessoal ou profissional e em qualquer contexto.

> *O pior adversário que um jogador pode ter não é o oponente que está do outro lado da quadra, e sim a voz interior do*

> *Self 1 que insiste em lhe dizer que não será possível vencer o adversário.* **(Tim Gallwey)**

Isso me faz lembrar de uma cliente, que chamarei de Carla. Apesar de ser considerada uma *high potential* pela alta direção da empresa em que trabalhava, não conseguia se sentir segura. Veio para o *coaching* com a queixa de que era percebida pelos seus pares como uma pessoa agressiva além da medida. O gestor imediato era inglês. Ele viveu muitos anos na Holanda, e me confidenciou que se ela estivesse na Holanda, não haveria problema; mas na América Latina, e especialmente no Brasil, seu modo de operar – apesar dos bons resultados – não era bem-visto, pela atitude pouco empática e muito direta. Durante o processo, ela reconheceu que sua agressividade era fruto do medo de não ser valorizada ou reconhecida pela sua responsabilidade de sempre fazer o melhor. Sabia que era competente, mas "algo" a fazia duvidar e questionar essa competência o tempo todo. "Talvez eu não seja tudo o que acredito que sou. E se eu não for tudo isso e acabar sendo percebida como uma fraude?"

E o mais incrível é que esse sentimento de um dia ser percebido como uma fraude é muito comum entre profissionais bem-sucedidos e valorizados nas empresas.

Façamos uma pausa nessa história para entender outro conceito fundamental do *The Inner Game®*, que consiste no antídoto desse sentimento de Carla. Tim chamou de *Self 2* aquele que costuma ser o melhor amigo interno do ser humano.

Para entender melhor o *Self 2*, imagine um momento em que você se sentiu confiante e com uma certeza interior que não sabia muito bem de onde vinha, mas que era forte o suficiente para declarar um desejo, uma meta ou fazer algo sem se preocupar como isso seria feito ou conseguido. Tal qual uma flecha certeira, em que nenhum pensamento constrangedor ou castrador impedia você de almejar algo distante de sua realidade no momento. Certamente você desfrutou de uma sensação boa, antes, durante e depois dessa imagem, confere? Nessas ocasiões nos sentimos plenos, vivemos quem de fato somos e não damos a mínima para a interferência negativa do *Self 1*. A esse estado de inteireza interna, sem limitações, excitações ou exibicionismos, Tim deu o nome de *Self 2*. Para ele, esse estado é a manifestação da nossa essência, dos nossos talentos e inteligências múltiplas a nossa força interior. Ou seja, aquela expressão do eu mais puro que estimula o nosso verdadeiro potencial para nos desenvolvermos, aprendermos e melhorarmos. O *Self 2* é um estímulo interno para sempre acreditarmos em nós mesmos e nas inúmeras possibilidades abertas, em qualquer circunstância. Se existe um problema, precisamos buscar a melhor solução; esta é a frase típica do *Self 2*.

É como um amigo dizendo: "Um resultado não esperado pode ser uma oportunidade de aprendizado única", "Não acredite que você não é bom o suficiente", "Você é capaz, sim, você pode ir além, você pode se superar". O *Self 2* é o nosso potencial, a nossa força interior, e não está preocupado em mostrar para os outros o quão bom você é. Ele sabe que você tem valor e que pode sempre ir além. Quando estamos sob a sua influência, somos mais livres e autênticos para viver a vida e sermos nós mesmos, sem o receio de ser feliz.

No caso de Carla, apresentei esse conceito a ela, o que, em um primeiro momento, pareceu uma grande novidade. Mas quando começou a entender o próprio conflito entre o *Self 2* e o *Self 1*, compreendeu a força que a voz crítica interna exerce sobre ela. "Ele, o *Self 1*, sempre ganha, e eu me sinto mal pelo que faço ou deixo de fazer", dizia Carla. E eu nunca consigo me dar a nota máxima porque sempre acho que não fiz o suficiente. Conforme seu processo ia evoluindo, a jovem executiva deliberadamente deu mais espaço para o *Self 2* entrar em ação. A diferença na sua forma de atuar foi se tornando perceptível, seu semblante ficou mais suave, e a mudança foi percebida pelo gestor, colegas, subordinados, clientes e familiares. Por vezes, vacilava e voltava para o velho estilo, mas a satisfação que experimentava cada vez que o *Self 2* ganhava a batalha se tornou a mola propulsora para querer experimentar mais e mais a liberdade de se sentir feliz consigo mesma. O processo de Carla foi muito gratificante, porque quando um cliente é alguém de alta *performance* pode apresentar receio de mudar comportamentos, hábitos e atitudes e perder o que já havia conquistado sendo como era. Carla é o exemplo de que todos podemos melhorar; e nos sentir mais libertos, mesmo quando já somos bons naquilo que fazemos.

E agora que você já sabe como essas duas forças, *Self 1* e *Self 2*, atuam dentro de nós, vamos dar mais um passo para consolidar essa ideia; para que assim você possa cada vez mais gerenciar suas escolhas e com isso aproveitar melhor o seu tempo, inclusive encontrando algum tempo livre para fazer o que bem entender ou apenas ficar de pernas para o ar.

3 A FÓRMULA DA PERFORMANCE

Para entender essa dinâmica, a metodologia *The Inner Game*® apresenta uma fórmula que exemplifica e nos ajuda a entender, de modo racional, o que acontece na nossa cabeça e consequentemente afeta a nossa *Performance*.

$$P = p - i$$

Esta fórmula se aplica a qualquer contexto, **como por exemplo:** iniciar e manter um relacionamento sadio, aceitar uma promoção, gerenciar bem o tempo na vida e no trabalho, fazer uma apresentação, iniciar um novo projeto, fazer a viagem sonhada, casar, ter filhos, tomar uma decisão grande ou pequena.

Decifrando a fórmula. O **P** maiúsculo é a *Performance* (desempenho), o **p** minúsculo é o potencial (ou seja: nossa força interior, nossas capacidades, talentos e inteligências = *Self 2*) e o **i** minúsculo é o que chamamos de interferências (ou seja: os medos irracionais, autocríticas, autojulgamentos e crenças limitantes = *Self 1*) que desenvolvemos ao longo da vida. Essas interferências funcionam como uma barreira que impedem a expressão espontânea do potencial.

O nosso potencial sente-se liberto para agir sob a influência do *Self 2* e, por outro lado, decresce quando o *Self 1*, crítico feroz, entra em ação com as costumeiras interferências. Representei essas duas forças opostas do método *The Inner Game®* no desenho a seguir. E funciona como uma gangorra em movimento: quando uma sobe, a outra desce.

Como funciona o Jogo interior

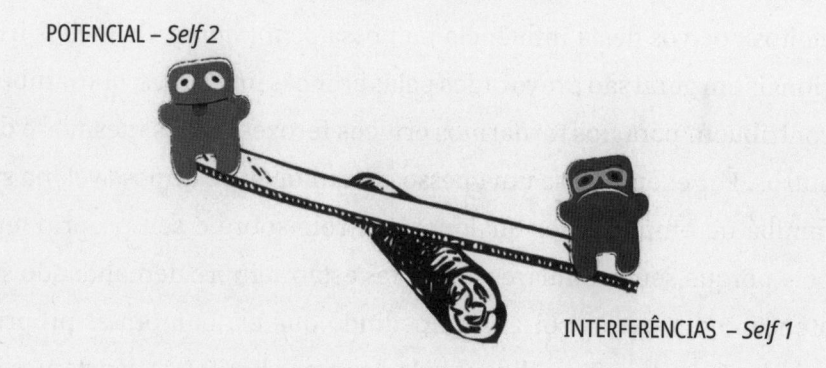

POTENCIAL – *Self 2*

INTERFERÊNCIAS – *Self 1*

Tal qual uma gangorra quando um sobe o outro cai.

THE INNER GAME®

SELF 2

VOCÊ NASCE COM ELE

- Seu potencial
- Sua força interior
- Suas múltiplas inteligências
- Sua essência

SELF 1

SE FORMA AO LONGO DA VIDA

- Seus medos
- Seus julgamentos
- Suas críticas
- Suas crenças limitantes

A razão pela qual eu me encantei pela metodologia de Tim Gallwey é porque ela se encaixa perfeitamente na metodologia que criei para quem deseja alcançar Alta *Performance* na gestão do tempo, sem perder a própria identidade e com menos estresse pela constante pressão por resultados.

Seja no trabalho ou em questões específicas da vida, estamos sempre em busca de obter os melhores resultados. E o desafio consiste em reconhecer as interferências que estão nos impedindo e minimizar os efeitos nocivos desta influência na nossa *performance*. Os medos irracionais em geral são provocados pelas crenças limitantes, que também contribuem para nos tornarmos críticos ferozes de nós mesmos e dos outros. Por exemplo: se uma pessoa acredita que é impossível, na sua família ou empresa, ter qualquer controle sobre o seu próprio tempo – porque seus familiares ou chefes estão sempre demandando sua atenção para outras coisas e impedindo que ela cumpra as próprias prioridades – terá mais dificuldade de impor limites às constantes interrupções ou solicitações. Você se lembra da Beth? A secretária que precisou ensinar o chefe a respeitar o tempo da futura assistente, depois de ter sido vítima dele durante dois anos.

Ao minimizarmos a influência das interferências na nossa *performance*, deixamos o potencial livre para voos mais altos com menos estresse. Aquele que deseja aprender a lidar melhor com o seu tempo também precisa se sentir livre e capaz de fazer as melhores escolhas diante de duas ou mais prioridades de igual importância. Poder pessoal e responsabilidade precisam estar em equivalência, caso contrário acabamos delegando para os outros as escolhas que nos dizem respeito, sem nos darmos conta de que continuamos responsáveis pelas consequências. A seguir, cito alguns exemplos do que pessoas sob a influência do *Self 1* (interferências) costumam dizer sobre a gestão do tempo:

- Nesta empresa *é impossível* planejar, nem adianta tentar.
- Eu *não consigo* me posicionar como gostaria.
- Eu *preciso* me organizar, mas não tenho tempo.
- Eu *tenho que* melhorar a gestão do meu tempo.
- Eu *não sou* pontual, *tento, mas* acabo perdendo a hora.
- Eu *sempre* acabo cedendo e *nunca* faço o que eu quero.

Procure prestar atenção na forma restrita da linguagem na hora de expressar algo. Eu não consigo. Eu tenho que. Eu não sou... Eu nunca. Eu sempre...

O *Self 1* é mestre em nos fazer hesitar diante de situações do cotidiano. Por exemplo, uma pessoa está participando de uma reunião e deseja falar algo para complementar um assunto. Mas o *Self 1* entra em ação e essa pessoa pensa: "*espere, talvez seja melhor não falar agora. E se isso for inadequado? E se eu me queimar. E se eu fizer papel de idiota?*". Então, aquele ímpeto é silenciado, mas a inquietação interna continua e, no mesmo momento, alguém faz uma observação parecida em voz alta e o coordenador e demais participantes agradecem a colaboração. E quem surge em sua mente? A voz implacável do *Self 1* com mais crítica: "Eu não acredito que perdi a oportunidade de me posicionar mais uma vez. Eu sou mesmo muito idiota. Vivo perdendo o *timing*. Esse medo de falhar me atrapalha e eu não consigo mudar." E se o *Self 1* continuar com a tagarelice, nem mesmo a reunião será aproveitada, e só o que restará será frustração, confusão e a falação na cabeça.

O *Self 1*, tal qual um crítico feroz, está sempre pronto para nos julgar, tornando-nos inseguros e confusos quanto a nossa própria *performance*. No golfe, eu, por exemplo, precisei aprender a calar o meu *Self 1*. Nunca tive talento e disposição para esportes em geral, mas eu queria muito jogar golfe depois que participei de um evento o qual me sai bem numa clínica de golfe para não jogadores. E aí, no início, quando eu acertava uma tacada, o *caddie**, que sempre me acompanhava, elogiava-me e na próxima eu queria mostrar que podia ser ainda melhor. Em geral, não era o que acontecia e aí vinha a constatação de que realmente não era boa nos esportes e a autodepreciação: "*Como eu pude errar essa tacada? Não acredito!*". Embora todo jogador de golfe saiba que até os melhores podem errar as tacadas mais simples, o *Self 1* estava lá sempre pronto para mostrar o quanto eu era incompetente, desastrada e sem talento para os esportes.

Até que resolvi ensinar o *caddie, o Alexandre,* a ser um instrutor *The Inner Game*®. Ou seja, alguém que orienta o jogador a perceber os próprios movimentos dos braços, a direção da bola, a distância que a bola percorreu – sem a preocupação de acertar. Quando a atenção consciente é desviada para esses aspectos, a pressão diminui e o jogador se sente mais livre para jogar. Hoje formamos uma boa dupla e jogar golfe é para mim um momento de muita descontração e satisfação. Se jogo bem? Não, mas o suficiente para me divertir e sentir que vale a pena. Espero que o Alexandre continue para sempre sendo o *caddie The Inner Game*®, que me ajudou muito a curtir este esporte que aprecio. Hoje jogo em outro campo e raramente nos falamos. Agora quando ultrapasso um obstáculo difícil fico feliz e quando não sou bem-sucedida não desisto e insisto porque sei que sou capaz de melhorar se continuar treinando.

---

* Aquele que auxilia um jogador de golfe, carregando-lhe os tacos.

Reservei este espaço para você começar a identificar quem acompanha você mais de perto: *Self 1* ou *Self 2*. Que tal experimentar?

- Como você habitualmente se refere a você?
- Como você se define?
- Como você se refere ao seu trabalho?
- Como você se refere a sua vida?
- O que você costuma dizer sobre sucesso?
- O que você costuma dizer para si mesmo quando comete um erro?

Avalie se a frase está mais para *Self 1* ou *Self 2*.

Aquilo que falamos com frequência sobre nós, os outros ou sobre o mundo funcionam como mandatos que ficam gravados em nosso modelo mental para que numa próxima vez já saibamos antecipadamente o resultado, sendo ou não o desejado.

Portanto, se você escreveu frases de estímulo, valorização e que trazem possibilidades – coragem, vontade de superar, seguir em frente e transmitem esperança e felicidade – é porque estava sob a influência do *Self 2*. Mas se elas revelam dificuldades e impedimentos, desafios difíceis de vencer, desânimo, medos, desqualificação certamente vieram do *Self 1*.

O interessante é que mesmo quando você se critica, se julga mal e se deprecia, existe "algo" no fundo que se entristece porque sabe que você pode ser melhor do que está se julgando.

São duas vozes e sentimentos dentro de nós disputando espaço para influenciar pensamentos, sentimentos e ações. E se tanto um como o outro estão sempre conosco, precisamos distingui-los, entendê-los e tomar as melhores decisões, assim como fez Carla, a executiva que aprendeu a dar mais espaço para o seu *Self 2*; e o seu lado mais positivo pôde se manifestar com mais facilidade. Ela aprendeu a reconhecer o seu valor, que sempre soube existir e, naturalmente, a valorizar o outro a sua volta. Continuou exigente quanto aos resultados esperados, mas aprendeu a respeitar as diferenças, inclusive de tempo, que existe entre um e outro profissional, seja para tomar decisão ou para executar uma tarefa.

Podemos facilitar o caminho para o *Self 2* e assim ampliar o estado de satisfação e prazer de ser quem somos. Mas para isso será preciso ouvir sem se identificar com o falatório do *Self 1*. **Comece eliminando o mau hábito de fazer declarações pejorativas sobre si mesmo.**

Temos muitas histórias para ilustrar a manifestação desse amigo interno, mas essa que vou contar revela bem o quão poderoso é estar conectado com o *Self 2*.

Conheço um empresário que chamarei de Tom, para preservá-lo. Ele era o responsável pela área de vendas de sua empresa e vivia constantemente estressado com os resultados do faturamento. Não fechar um pedido era terrível para ele, que buscava mil e uma razões para entender o que tinha acontecido. Se conseguia fechar, nem se dava ao luxo de comemorar, pois já estava pensando em como fazer para ampliar mais as vendas e, assim, se sentir mais seguro e tranquilo. A verdade é que tal segurança nunca chegava, pois os resultados não sustentavam a operação com folga, ou pelo menos não com tanta folga quanto ele gostaria. Apesar de em essência ser uma pessoa alegre, o seu humor ia de mal a pior, junto com sua saúde. Ele se percebia ultrapassado e incapaz de encontrar a forma correta de melhorar os resultados, culpava a si e os outros e se percebia ranzinza. Encurtando a história, Tom e os sócios decidiram vender a empresa e se estruturaram para que isso acontecesse.

Foram dois ou mais anos se preparando e profissionalizando os processos até conseguirem concretizar a desejada venda. O *Self 1* de ambos fez muito estrago e os deixou noites sem dormir. *"E se este for o pior momento para vender?"*, *"E se eles não cumprirem o acordo?"*, *"E se... E se... E se..."*.

Finalmente conseguiram fechar o negócio. E Tom deveria ficar somente o tempo de garantir o recebimento do pagamento, que seria feito em dois anos, caso as metas fossem cumpridas. No primeiro ano, ainda houve conflito entre *Self 2* e *Self 1*: *"E se eu não conseguir cumprir as metas? Ninguém receberá nada. Isso será o pior cenário"*. Ainda assim "algo" lhe dizia que ele conseguiria e que tudo daria certo.

Para surpresa de todos, incluindo a dele, a cada dia Tom se sentia menos pressionado a ser o maior responsável pelas vendas, e as vendas começaram a fluir mais facilmente. O seu *Self 1,* no início ainda desconfiado, foi se acalmando e dando espaço para a pessoa otimista e autoconfiante, que no passado resolveu empreender; só dando ouvidos a uma certeza inquestionável de que tudo daria certo. Sem cobrança externa e, principalmente, interna, ele foi superando as metas com facilidade e a mágica aconteceu. Os pedidos foram aumentando e chegando sem esforço. As reuniões com os clientes, as mesmas que antes causavam tensão e apreensão, se tornaram cada vez mais prazerosas. Os obstáculos e as objeções eram superados com pouco ou nenhum estresse. E todas as metas foram batidas! Como recompensa, foi homenageado publicamente pelo desempenho, recebeu viagens como prêmio e o convite para continuar trabalhando na companhia. Tudo pela qualidade de seu excelente trabalho.

Se isso ainda lhe parecer algo difícil de acreditar, esperamos que até o final do livro você esteja mais confiante para experimentar a liberdade que o Tom alcançou. Na época, ele não tinha ideia de que era seu *Self 2* em ação; e que o seu *Self 1* era um verdadeiro carrasco.

Quando estamos produzindo sem a preocupação de sermos eficazes, e nos sentindo felizes no próprio ato de fazer, o sucesso e os bons resultados acontecem naturalmente. Porque, ao contrário do que aprendemos, o esforço e as dificuldades que enfrentamos são coisas evitáveis. Os desafios, a incerteza, a mudança fazem parte da dinâmica da vida, enquanto a preocupação e o medo irreal são frutos do *Self 1*.

Mas se você é vítima de crenças como: "*o que vem fácil não dura*", "*a vida é uma eterna luta*", "*para se chegar ao sucesso é preciso suar a camisa*", acabará dando mais espaço para o *Self 1* agir livremente sobre você. Lembre-se: ele também acredita nisso. O *Self 1* favorece um modelo mental limitante, e a pessoa vê a vida como um lugar que necessita de muito esforço para enfrentar constantes superações, traições e dificuldades criadas pelos outros. Alguns justificam que o *Self 1* "é apenas realista, porque a vida é mesmo difícil, e ser capaz de vencer batalhas é a única forma de ser alguém". Será?

Quando nosso trabalho deixa de ser um peso para se tornar uma fonte de satisfação pessoal e profissional, assim como aconteceu com o Tom, passamos a experimentar o melhor dele. Sentimo-nos livres e seguros para sermos nós mesmos, o criticismo diminui, e o medo de tomar decisões equivocadas, ou de querer tudo ao mesmo tempo, vai embora. Sob a influência do *Self 2*, surpreendemos a nós mesmos pela forma como realizamos as nossas atividades sem nos cansarmos e com mais eficácia. E mesmo quando o cansaço físico acontece, dependendo do esforço despendido, o cansaço mental não ocorre. As pessoas a nossa volta gostam de estar conosco, porque nos tornamos mais autênticos, generosos e bem-humorados.

Isso me faz lembrar de uma cliente, COO de uma grande empresa multinacional. Para nós, ela será a Rose. Quando começou um processo de *coaching*, Rose se sentia infeliz e confusa. Chegava a se perceber como incompetente, embora soubesse que isso não era a realidade. Muito responsável, sentia-se frustrada quando, aos olhos do gestor, não conseguia um desempenho satisfatório. Ele criticava tudo, e aos poucos foi esvaziando a posição dela na empresa. Falava diretamente com os subordinados que respondiam a ela e, com frequência, era excluída das reuniões em que sua presença seria obrigatória. Rose sofria e começou a questionar a própria competência. Durante uma sessão, ela me disse: *"Eu gostaria de trabalhar numa empresa menor, atuar com mais liberdade e me sentir reconhecida pelo meu trabalho, mesmo que tivesse que voltar a atuar como diretora. Hoje eu tenho posição, status e não me sinto respeitada pela minha atuação. Não me importaria de dar um passo atrás se encontrasse essa empresa. O que você acha?".*

Atendida por mim e por minha sócia, simultaneamente, nosso trabalho no início era focado em ajudá-la a aprimorar a capacidade de se comunicar em todos os níveis, ser menos incisiva em suas interações e ouvir melhor. À medida que o processo avançava, ela foi se tornando uma gestora mais participativa, ouvindo com vontade de entender e, principalmente, fortalecendo a autoestima. A única coisa que não mudava era a forma como o seu gestor imediato atuava. Ela investiu em conversas francas, mas nada o dissuadia de tornar a posição dela enfraquecida. Rose percebeu que não se tratava de algo pessoal e aceitou que esse era o modo de gestão dele. Decidiu que iria sair da empresa, porque o seu tempo ali havia se esgotado e a dinâmica atual não era confortável para ela.

Alinhou a saída com o marido, que a incentivou a fazer o que fosse melhor para ela, e informou ao gestor e ao presidente a sua intenção de se demitir. Houve alguma resistência e outras oportunidades foram oferecidas. Firme no seu propósito, sem pressão interna ou externa para se desligar, ela iniciou a busca.

"Algo" lhe dizia que encontraria a empresa que estava buscando, embora não soubesse onde ou como. Como ela mesma dizia, depois de 16 anos na mesma empresa, não sabia nem por onde começar.

A autoconfiança, um estado novo para ela, se fortaleceu, aliada à certeza de que alcançaria o seu propósito. O resultado é que teve duas propostas de trabalho muito antes do que esperava. Em ambas se posicionou sem a preocupação de ser perfeita e não teve medo de não ser escolhida. Foi chamada nos dois processos e acabou escolhendo exatamente aquela que mais se aproximava do que declarou ser a empresa ideal para trabalhar.

Quando ela veio nos contar o quanto estava feliz de ter aprendido a calar o *Self 1* e a dar mais espaço para o *Self 2* se manifestar, nem precisava falar: a sua fisiologia expressava como estava se sentindo. Rose iniciou o processo de *coaching* com um *Self 1* cruel, extremamente crítico. Estava fragilizada e infeliz. Terminou de braços dados com o *Self 2* e, portanto, se sentindo mais plena e realizada. Ela aprendeu o caminho das pedras. E, principalmente, reconhecer o seu valor como profissional. E isso não significa que o *Self 1* deixou de existir. Porque ele representa todos os limites e perigos que aprendemos desde muito cedo em nossa formação. E se descuidarmos, ele estará pronto para dominar a cena. É preciso cuidar dos pensamentos para evitar energizá-los.

4 ESPAÇO PARA O SONHO

"O jogo interior está sempre acontecendo em nossas mentes e em nossos corações."
Tim Gallwey

Com o *Self 2* no poder é mais fácil lidar com o nosso tempo na obtenção de resultados com menos esforço. Quando há espaço para o *Self 2* se manifestar, nós nos tornamos pessoas mais genuínas, congruentes e melhores em todos os sentidos. As escolhas são feitas respeitando os nossos valores e nosso modo de ser. Agimos com segurança, conseguimos defender nosso ponto de vista de forma assertiva e firme, mas sem a necessidade de impor uma opinião. Aceitamos mais facilmente as objeções e lidamos com menos estresse diante das situações que somos obrigados a recuar, ou quando fracassamos. Sim, porque é importante entender que o fracasso faz parte da evolução. E fracassar não significa que somos incompetentes, e sim que dessa vez nossa escolha não foi a melhor. Aliás, penso que aqui cabe comentar que tristeza, frustração, raiva e outros sentimentos fazem parte do movimento da vida. E o problema não é senti-los, mas permanecer remoendo e se ressentindo até paralisar. É por isso que precisamos respeitar a nossa dor, a necessidade de nos recolher, de ficarmos quietos até digerirmos o ocorrido. E depois, aprender a buscar alternativas em vez de se vitimizar ou buscar culpados para os nossos infortúnios. Só assim encontraremos uma saída vencedora. Sob a influência do *Self 2*, as pessoas agem com transparência, porque não há nada que precise ser camuflado e disfarçado. Somos quem somos e nos orgulhamos disso, sem prepotência. E, naturalmente, pessoas que agem dessa forma se tornam automaticamente mais responsáveis por suas escolhas e resultados obtidos. Reconhecem quando erram, sabem voltar atrás, pedir desculpas, aprender sempre. E são mais flexíveis para aceitar que as pessoas diferem na forma de pensar, sentir e agir. E que o outro não está errado quando difere de nós. A menos que estejamos vivendo o mito de Narciso, que acha feio o que não é espelho.

Até a forma de expressão é mais harmônica, pois tudo o que se diz é de forma educada e com a certeza de que não somos os donos absolutos da verdade; e que a certeza de nossas certezas não passa de ilusão, portanto, as outras pessoas podem discordar, ou não, de nossos pontos de vista. O *Self 2* permite a vulnerabilidade sem a vitimização ou a acusação.

Experimentamos mais liberdade para mudar de opinião e aprender em qualquer situação: com nossas próprias experiências, com os outros, com os mais velhos, com os mais novos, com os mais sábios e com aqueles que pouco sabem a respeito da instrução formal, mas podem nos ensinar muito sobre a vida. Alguns chamam essa influência do *Self 2* de maturidade. Nesse estado, você sente menos necessidade de viver numa constante montanha-russa de emoções e sentimentos. Diminui o preconceito, o criticismo e a vontade de julgar, só fala quando pode contribuir e não se deixa levar pela impulsividade ao falar com o fígado, agir e tomar decisões de modo precipitado.

Quando o trabalho se transforma em fonte de estresse, alguma coisa precisa ser feita para que encontremos sentido e relevância ao realizá-lo. Talvez tenhamos que buscar algo mais significativo ou mesmo nos distanciar de pessoas tóxicas, como foi o caso de Rose. Sim, porque viver e conviver com elas não faz bem a ninguém. O questionamento tem de vir de dentro. Por que eu escolhi esse trabalho? Essa empresa? Ou foi ele que me escolheu? Se antes trabalhar aqui era bom, o que mudou? Se eu me demitir, para onde eu poderia ir? O que me impede de sair? Ou: por que eu aguento este relacionamento? O que eu gostaria ao invés disso?

Perceba o que acontece com você quando se faz essas perguntas. Quem está influenciando as suas respostas? *Self 1*? Ou *Self 2*? O que está me impedindo de dizer o que estou pensando e sentindo para os meus pais, meus filhos, companheiros, chefes, colegas, subordinados, amigos, parentes, clientes e fornecedores.

Se você se sentir acuado, com receio de não conseguir algo melhor, é provável que o *Self 1* esteja no comando. Desafios nos movem quando acreditamos que somos capazes e merecemos mudar o que não está bom. Mas, às vezes, precisamos de disponibilidade para aprender: novas práticas, competências, ensinamentos, flexibilidade, desafiando as crenças limitantes para agirmos com proatividade. Seja liderando a própria carreira, a vida; você precisa estar no comando e assumir a responsabilidade por suas escolhas.

Não é raro reconhecermos que precisamos operar algumas mudanças, mas pode faltar coragem e disposição para iniciar. Nessa hora é natural que *Self 1* e *Self 2* entrem em conflito, disputando a sua atenção.

Enxergar possibilidades e reunir a coragem de mudar mostram que o *Self 2* está vencendo a batalha e tentando entrar em ação. Vem um sentimento de expansão, de que é possível fazer diferente e enxergar o que antes não se via. A vontade de perseguir objetivos genuínos cresce, mesmo que ainda não saiba o que e como irá fazer. Às vezes chamamos isso de fé. E tudo bem, porque ambos, a fé e o *Self 2*, nos ajudam a tornar a jornada mais leve e a superar os obstáculos que surgem pelo caminho. A coragem de transformar atitudes, comportamentos, hábitos; a vontade de mudar de emprego ou de relacionamento se tornam maiores do que o receio de continuar fazendo o que não traz nem felicidade, nem satisfação. Como vimos no exemplo da troca de emprego, o *Self 2* é a força interior, conectada com os talentos, e pronta para encarar as fraquezas sem julgamentos. Quem dá espaço ao *Self 2* estimula a própria capacidade de se superar, seguir em frente e se reinventar. E o autorrespeito e o aprendizado serão sempre bem-vindos no caminho.

O *Self 2* é bom, sem ser ingênuo e otimista, sem ser alienado. Uma força interior que sempre encontra meios de lidar com adversidades e somar experiências. Ele nos ajuda a encontrar um jeito de abrir a porta enferrujada, a janela emperrada. **A imagem é a de olhar para a luz do sol no final do túnel e dizer: valeu a pena!**

Já o *Self 1* é feito de limites, medos irreais, autocríticas, autojulgamentos preconcebidos. Ele divide o mundo e as pessoas entre o que é certo e errado, ou é preto ou é branco e esquece a quantidade de tons de cinza que separa o preto do branco. Para o *Self 1*, nós estamos sempre precisando fazer diferente. Sob essa influência, vivemos um dia após o outro carregando um fardo nas costas, nos sentindo culpados e ameaçados constantemente. Daí a necessidade de lutar e combater o inimigo imaginário. E sem perceber somos reféns de sistemas imaginários ineficazes. Criticamos o sistema de governo, os jovens, os mais velhos. Achamos que tudo que está a nossa volta deveria ser diferente, mudado, melhorado; e assim também avaliamos a nós mesmos, onde a insatisfação é uma constante. E o pior é que acreditamos que esse senso crítico aguçado e estressado é o certo e que a falta de esperança que um dia possa melhorar é a realidade. **Vale lembrar que existe uma inquietação positiva, que nada tem a ver com o** Self 1, *algo que nos faz querer nos mover de onde estamos, nos incita a crescer e nos empurra para fora da zona de conforto, em busca de algo maior e melhor.*

Sob a influência do *Self 1*, mesmo quando conseguimos o que desejamos, paira o medo de perder o que foi conquistado. Surge a dúvida se de fato o resultado foi fruto do merecimento e da competência ou pura sorte ou que talvez não perdure. Desconfiamos quando a oferta é muito boa e parece muito fácil. Se você está achando que eu estou pintando o *Self 1* muito ruim, eu diria que ele pode ser ainda pior. Pois é ele que irá trazer a dúvida, a preocupação, o sofrimento antecipado e a ansiedade. *"Será que eu fiz a escolha equivocada? E se não der certo? Eu não posso errar. E se o contrato não for cumprido? E se o cliente der para trás? E se eu não for capaz de assumir com êxito essa nova posição?"*

O *Self 1* não nos dá o direito de desfrutar e comemorar as vitórias, nem espaço para experimentar o novo ou sentir paz e tranquilidade.

Para encerrar este capítulo, contaremos mais uma história de superação. Podemos dizer que Dayse é a personagem principal, mas com certeza o *Self 2* foi um ótimo coadjuvante.

Dayse é uma pessoa que tem uma vida de muito trabalho para conseguir o que deseja. Como empregada doméstica, seus recursos são escassos; mas, ainda assim, sempre sonhou ter seu próprio carro e costumava repetir para a filha: *"Eu vou comprar minha Ferrari"*. Considerando a distância entre o desejo e a realidade, a jovem apenas ria. Perto do Natal, aconteceu algo incomum. Os patrões, que valorizavam o trabalho de Dayse, resolveram fazer uma surpresa e encontraram um carro usado, em excelente estado, para facilitar o transporte dela. No início, a ideia seria ela pagar como pudesse, sem nenhuma pressão de tempo ou valor. Naquele ano, durante a festa de Natal na casa dos patrões, Dayse emocionou a todos quando o Papai Noel perguntou para os adultos e crianças presentes o que gostariam de agradecer do ano que estava quase terminando. Ela contou sua história e disse que queria agradecer a Ferrari que tinha conseguido adquirir. Para ela, o seu carro era a Ferrari, aquela que tinha certeza de que seria sua, mesmo não tendo a menor condição para comprá-la. *"Eu disse que a teria, e ela está estacionada lá fora. Agradeço por isso"*.

Quando Dayse falava para a filha que iria comprar a sua Ferrari, ela estava totalmente alinhada com o seu *Self 2*. Tinha o desejo e não se importava com a forma como iria conseguir, apenas repetia o que queria e continuava tocando a vida. Se fizesse as contas na ponta do lápis, saberia que o sonho era algo impossível naquele momento. Mas o *Self 2* não é cartesiano. Pode parecer conto de fadas, mágica, coisas que só acontecem com os outros; mas temos certeza de que todos conhecem uma história parecida para contar, se puxarem pela memória.

Vale ressaltar que, no início, apesar da felicidade de ter comprado a Ferrari dos sonhos (na verdade ganhado, porque pagou apenas duas parcelas), Dayse acabou dando espaço para o *Self 1* fazer o seu trabalho. Acordava sobressaltada, sonhando que o patrão queria tomar o carro de volta se ela não dirigisse corretamente. Que alguém batia no carro e ele ficava totalmente destruído. O medo de perder algo que conseguiu sem esforço a atormentava. Até então, tudo o que obtivera na vida havia exigido muito esforço, suor e por conta própria. Aos poucos, a confiança nos patrões e a autoconfiança em si mesma foram acalmando o *Self 1* e dando espaço para o *Self 2* se manifestar, embora ela não saiba da existência da teoria *The Inner Game*®. Hoje, Dayse é feliz com seu novo carro, sim, porque ela trocou por outro mais novo e melhor e não tem mais a preocupação que irá perdê-lo.

O fato é que quanto mais afastados do *Self 2*, mais difícil será conseguirmos o que desejamos com menos esforço. Lembre-se que o *Self 1* torna tudo mais penoso, desafiador, complicado. Ele reforça as nossas crenças limitantes e nos afasta de chegarmos aonde desejamos estar, a não ser que seja com muito suor. Você pode conseguir o que deseja, mesmo estando sob a influência dele, mas terá que pagar um preço bem mais caro para mantê-lo.

A voz a que damos mais atenção é uma escolha. Não se trata de eliminar o *Self 1*, porque ele funciona como um vírus que vive no nosso sistema. Se a imunidade baixa, ele ataca; porém, se nos mantivermos sadios; conscientes de que o pensamento excessivamente crítico, as constantes reclamações e a sensação de vitimização não constroem nada de bom, suas intervenções serão mais efêmeras, menos expressivas. Autoconhecimento é um processo que não tem fim: estamos sempre descobrindo mais sobre nós mesmos, e somente assim poderemos mudar, de forma consciente, o que não está bom.

Você pode se manter no comando, com mais consciência a cada decisão tomada. Nosso estilo, nossas preferências e nosso jeito de ser podem ser aprimorados, mas também precisam ser respeitados e valorizados por nós mesmos.

5 — SELF 1. DÁ PARA NEGOCIAR COM ELE?

Em algumas circunstâncias, será mais fácil negociar com o *Self 1*, acalmá-lo, do que fazer com que ele se cale totalmente. Certa vez, uma fornecedora me contou que, vindo para uma reunião, estava preocupada com a forma como estava vestida. Ela pensava: "Estou inadequada para a ocasião". Vestindo agasalho e tênis, o seu *Self 1* a atormentava, "falando" que seu traje descontraído poderia ser mal interpretado por mim. Cansada de lutar contra o *Self 1*, e pelo fato de estar quase chegando, resolveu me mandar uma mensagem se desculpando e explicando a razão de estar vestida daquela forma. Eu recebi a mensagem e pensei: "Por que será que ela está preocupada, se a forma como está vestida não faz a menor diferença para mim?". É interessante percebermos que ela deu espaço para o *Self 2* – quando decidiu vir de modo confortável porque estava convalescendo de uma gripe; e respeitou a inquietação do *Self 1* – quando pediu desculpas antecipadamente. Sem saber, fez uma negociação perfeita entre os *Self 2* e *Self 1*.

A boa notícia é que nós podemos, de forma consciente, iniciar um processo de mudança de modelo mental. Podemos aprender a ouvir as vozes dentro de nossas cabeças, entender-lhes as razões dos eternos medos e limites, mas não precisamos nos deixar levar por eles. E, dessa forma, inibir o *Self 1* e dar mais espaço ao *Self 2*.

Quando passamos a enxergar o mundo através das inúmeras oportunidades e possibilidades que ele oferece, aumentamos o espaço do *Self 2* em nossas vidas e inibimos a força limitante do *Self 1*. Mesmo que no início lhe pareça *fake* ou frases de almanaques de autoajuda, experimente a diferença entre dizer:

Eu nunca consigo me posicionar com franqueza junto aos meus superiores.

Troque a frase por:

Eu posso aprender a me posicionar com franqueza e autocontrole diante de qualquer pessoa e me sair bem.

Eu **não consigo** ser pontual.

Troque a frase por:

Eu **posso aprender** a ser pontual.

Eu não sei bajular o meu chefe, quando não concordo com ele.

Troque a frase por:

Eu posso discordar do meu chefe e, ainda assim, respeitar o seu ponto de vista.

Eu **não consigo** perder tempo planejando, prefiro agir.

Troque a frase por:

Eu posso aprender os benefícios do planejamento antes de agir para garantir resultados sustentáveis.

Reforçando que a forma como pensamos influencia os nossos

sentimentos que, por sua vez, impactam em nossa forma de agir e, consequentemente, nos resultados. É fácil detectar quem está no poder quando ouvimos certas frases. Enquanto o *Self 1* diz: *"eu não consigo; eu nunca vou fazer; isso é muito difícil para mim; isso é impossível para qualquer um; isso não é para você"*; o *Self 2* prefere dizer: *"eu posso aprender; eu nunca fiz, mas vou fazer; parece difícil, mas não é impossível; eu sou capaz; eu quero mudar o que não está bom; eu sei que serei capaz de conseguir"*.

O *Self 1* o coloca numa posição de vítima do outro, do sistema, da própria vida; diminuindo seu poder pessoal de mudar o que não está bom. Já o *Self 2*, ao contrário, o ajuda a enxergar possibilidades e oportunidades e dá a coragem necessária para você assumir a responsabilidade por suas escolhas, devolvendo-lhe o poder pessoal que todos recebemos ao nascer.

CAPÍTULO III

TEMPO PARA SE PREPARAR

O que pode gerar desperdício de tempo? Você sabe?

Será que eu perco tempo?
Às vezes, eu tenho a sensação de que algo drena a minha energia e eu não sei o que é ou do que se trata.
Denise Lovisaro

AMIGA DO PEITO

Jane contou-me com certa tristeza que sua melhor amiga, Paula, se tornou um verdadeiro fardo em sua vida. Elas sempre se consideraram "irmãs de alma". Tinham por hábito sair e viajar juntas. Até que Jane começou a namorar e, depois de algum tempo, quando resolveu morar junto de seu companheiro, a situação com a amiga ficou insustentável. Alegre, inteligente e simpática, Paula não conseguiu entender que a vida da amiga mudara, e que ela não estava mais disponível para passeios e viagens como sempre fizeram.

Jane, por sua vez, passou a viver um dos melhores momentos de sua vida com Franklin. Mas o casal não sabia mais como evitar os constantes convites para festas, jantares e viagens de Paula, que, apesar de incluir Franklin, acabavam invadindo a intimidade dos dois, mesmo que de uma forma solícita e gentil. Jane considerou a situação insustentável e teve a consciência de que o mais adequado era distanciar um pouco a amizade, embora essa atitude causasse tristeza para ambas. Se antes Franklin se mostrava compreensivo com a Paula, agora deixava clara sua insatisfação e irritabilidade quando se encontravam. A amiga do peito estava se transformando na amiga "do peso".

Essa história, como todas as relatadas neste livro, é verídica e serve para nos alertar que nem todos os **vilões do tempo** são ameaçadores, coercitivos e maus. Esse é o tipo de *vilão* que nos intimida pela gentileza e amorosidade, e rouba sem dó o nosso tempo e a nossa atenção. E por isso mesmo é mais difícil lidar com eles.

1 SERÁ QUE EU TAMBÉM PERCO TEMPO?

"Não perceber que somos o maior responsável pela perda de tempo, costuma ser o maior problema."
(Stephen Covey, autor do *best-seller* ***Os 7 hábitos das pessoas altamente eficazes*)**

Tempo virou artigo de luxo, e quem o tem de sobra é um felizardo. Mas ainda assim não há garantias de que esteja sendo usado da melhor forma. A maioria das pessoas corre muito e acaba o dia com pendências. Levar para casa a preocupação e a ansiedade é bastante comum, pelo menos entre os meus clientes, e alguns ainda amargam a culpa por terem de trabalhar em casa à noite. O hábito de levar serviço para casa tem várias razões, mas, ao longo do tempo, a consequência costuma ser a de que se está sendo explorado pelo sistema. Quando isso acontece, a pessoa pode começar e inverter as prioridades entre trabalho e vida pessoal. Para se distrair, e compensar a frustração frente a tantas demandas, acaba gastando tempo em redes sociais durante o expediente ou prolongar demasiadamente os almoços. E foi assim que as redes se fortaleceram e hoje representam lucro para poucos e perda de tempo para a grande maioria. Como a nossa mente não faz muita distinção entre imaginar e vivenciar, as redes são o lugar perfeito para fazer uma *selfie* com filtro especial e sentir o prazer de se ver e ser visto com um corpo invejável, um rosto lindo, num lugar especial, comendo algo incrível. Tirar *selfies* virou uma compulsão mundial, tem gente que não resiste e faz um clique até em acidentes. Na mesa do restaurante, no cinema, na praia... Algumas pessoas não conseguem passar poucos minutos sem olhar, postar ou comentar. Cientistas estudam o poder desse vilão que se tornou um mau hábito.

Esse **mau hábito** fala mais alto, e a pessoa o faz sem se dar conta, porque está atuando no modo mecânico. As pessoas viciadas no celular e no uso das redes sociais dificilmente admitem que estão sofrendo de *nomofobia* – síndrome em que o paciente fica dependente do telefone ou da internet. Os estudos sobre essa síndrome pesquisam sobre as razões da dependência, ou seja, se existe uma predisposição genética ou se o uso constante é que provoca o vício. Mas a verdade é que a cada dia mais pessoas se isolam do convívio familiar, profissional e social para se relacionarem por meio de aplicativos. Entre os jovens está cada vez mais comum se isolarem do convívio social para investirem a maior parte do tempo interagindo através das mídias e jogos. E hoje muitos pais estão cada vez mais preocupados com o tipo de vida sedentária e isolada socialmente que os jovens estão adotando. Durante uma reunião de trabalho, muitos estão mais preocupados em responder as mensagens recebidas do que em ouvir o que está sendo dito. Isso afeta a qualidade do resultado da reunião e provoca perda de tempo para todos. Não é raro você ter que esperar por uma resposta diante de um atendente que prioriza os atendimentos via WhatsApp ou telefônicos aos presenciais. Nos restaurantes é possível observar famílias, amigos e mesmo casais, cada um com seu celular sem interagirem entre si. E o pior é acreditarem que estiveram juntos no almoço ou jantar.

Mesmo se você estiver atento, cuidando e zelando pelo seu tempo, resistindo às mídias, poderá, como Jane, ser atacada por uma vilã amiga e demorar para tomar uma ação efetiva. E não se iluda, porque em toda parte existem vilões sedentos para usurpar o seu tempo e a sua atenção das mais diversas formas, seja na família, com parentes, chefes, colegas ou subordinados. São pedidos de conselhos, busca por soluções de problemas, ajuda para realizar um trabalho que só você parece saber. Para cair nessa rede, é um instante.

Não importa o que você escolha fazer, LEMBRE-SE que será sempre responsável pelas consequências.

Vilões externos e internos vão atentar contra o seu tempo, não há como fugir disso, mas caberá a você aprender a lidar com sabedoria nessas situações para preservar o seu bem precioso sem fazer inimigos. Como? É o que veremos a seguir. Porém, antes, temos de identificar esse vilão que nos inibe, coage, amedronta, encanta, envolve, cega e faz de tudo para acreditarmos que não temos saída, a não ser ceder aos seus caprichos.

Os casos que envolvem amizade e carinho, como o de Jane, são mais difíceis; e uma boa ferramenta é a sinceridade. Para ela, a solução foi expor que não estava mais disponível como antes e que desejava estar a sós com seu namorado ou outros amigos. Ela abriu espaço para distribuir atenção para outras pessoas. Além de dizer a verdade, ela teve de se preparar para lidar com a reação de Paula. Nem sempre é fácil colocar limites, sem sucumbir pelo sentimento de culpa ou lidar com a rejeição de quem se sentiu excluído. E aqui está o ponto mais crítico quando lidamos com pessoas queridas, próximas ou por quem temos muito respeito e admiração. O vilão externo (a amiga) acionava o vilão interno: a dificuldade de dizer *não, que* estava associada ao medo de ser rejeitada por Jane.

E se os vilões externos disputam o nosso tempo, imagine os internos, aqueles que estão sempre conosco, que já são nossos velhos conhecidos e que chegamos a acreditar que fazem parte do nosso DNA.

Alguns são tão familiares que simpatizamos com eles. Ouço com frequência clientes que se orgulham de serem reconhecidos como perfeccionistas, multitarefas, acelerados; ou se conformarem em aceitar que nunca conseguirão dizer *não*, se organizar, planejar ou ser pontual.

2 MAS AFINAL, O QUE É VILÃO DO TEMPO?

Vilão do tempo é tudo o que nos afasta daquilo que estamos fazendo ou precisamos realizar no momento presente. Alguns chamam de desperdiçadores de tempo, outros de ladrões do tempo. Eu os chamo de *vilões do tempo*. E não importa o nome que se dá, e sim a reação ao sofrer o ataque. Você vai acabar aceitando, negociando ou reagindo. **O vilão do tempo pode ser uma pessoa, uma circunstância, um comportamento, um hábito ou uma atitude** que você aprendeu e que o afasta do que você poderia ou deveria estar fazendo agora.

Existem vilões *externos e internos*.

Os **vilões externos**, embora mais fáceis de serem percebidos, são mais refratários ao nosso poder de influência. Muitas vezes, não conseguimos contê-los ou eliminá-los. Entre os exemplos, estão as outras pessoas, como familiares, amigos, chefes, trânsito, visitas inesperadas; e também crises, confusão de responsabilidade, telefonemas, *WhatsApp*, mídias sociais, mudanças de prioridade, informação incompleta ou a falta de informação, excesso de normas e burocracia, tecnologia mal utilizada; e um dos piores: a famosa "reunião de trabalho".

Precisamos entender que o vilão tem um objetivo e quer ser atendido. Ele precisa da sua atenção e acaba tomando o seu tempo.

Dependendo da forma como o vilão age, envolve a vítima de tal modo que ela se deixa levar, sem perceber o sequestro emocional que a impede de reagir.

Se isso lhe parecer estranho ou irreal, pense nas vezes em que fez algo que não queria só para agradar a alguém importante para você. Ou, simplesmente, para não se indispor ou decepcionar uma pessoa de seu relacionamento profissional ou social. Depois, provavelmente, se arrependeu, se culpou ou se sentiu frustrado por ter deixado algo importante de lado para atender uma demanda de menor relevância. Mas já era tarde, o tempo tinha ido embora.

Se o vilão é somente externo, talvez seja mais fácil resolver, pois, depois de identificá-lo, podemos aprender uma nova estratégia para lidar com ele. Pense em uma reunião importante que você perdeu porque o trânsito estava completamente travado. Dá para se precaver na próxima vez e sair antes. Pense naquele projeto que acabou órfão e abandonado porque ninguém se sentiu responsável por ele. É um aprendizado para você começar a assumir responsabilidades de uma forma mais enfática. No caso de Jane, apesar de gostar de Paula, conseguiu perceber o quanto a amiga se tornara vilã do seu tempo e como estava sendo invasiva. Paula não é má pessoa e talvez não se desse conta da atitude inadequada que estava tendo, mas se Jane não interviesse poderia ter terminado o relacionamento com o Franklin e culpado a amiga pelo ocorrido.

Hoje, o nosso pior vilão externo são as mídias sociais, que se reinventam com rapidez para captar e manter a nossa atenção e, com ela, o nosso tempo. Sininhos, filtros, *emojis*, dancinhas, e uma infinidade de artifícios que roubam a nossa atenção. São mensagens, sem nenhuma relevância, que invadem o nosso tempo e nos desviam das prioridades com a nossa anuência.

Gosto de conversar com as pessoas para saber como lidam com as mídias. E com frequência ouço: "eu sei que não é certo, mas não consigo me separar do celular"; "Quando estou fazendo uma tarefa chata, paro várias vezes para me dar um momento de descontração".

Será que a pessoa se deu um momento de diversão? Bem, pode ser que sim ou não. Mas, com certeza, o preço que irá pagar por essas paradas é muito mais oneroso do que está considerando.

Aqui, vale alertar que um vilão externo acaba sendo administrado por um ou mais vilões internos.

Os vilões **internos** costumam ser mais difíceis, tanto de identificar quanto de combater. Porque são comportamentos, hábitos e atitudes aprendidos ao longo da vida, e que se tornaram o nosso jeito de ser. Aqui vou citar os vilões do tempo internos mais conhecidos, começando pela falta de objetivos claros, próprio das pessoas que não sabem ao certo o que querem, ou que querem muita coisa e têm dificuldade de selecionar uma para começar. Outro vilão muito comum é a procrastinação (adiamentos). As razões que nos levam à procrastinação são inúmeras: o perfeccionismo, porque nunca acha que está bom o suficiente; a dificuldade para dizer *não*, sustentada pelo receio de não ser compreendido pelo outro; a falta de organização, motivada pelo medo de perder tempo; dificuldade para planejar, porque acredita que é mais prático fazer; a perda de foco, devido ao hábito de se distrair com qualquer coisa; e a impontualidade, porque sempre acha que vai dar tempo; entre outros.

Na verdade, são hábitos que adquirimos ao longo da vida que nos **desviam do que é mais importante** para atender algo sem nenhuma ou pouca relevância.

O vilão interno torna o seu tempo pouco produtivo, aumenta o estresse, causa preocupação, ansiedade, insegurança e potencializa medos irreais. E o pior: gera um grande cansaço mental pelo excesso de estímulo mal administrado. Às vezes, culpamos um vilão externo em seu lugar.

Um exemplo é a procrastinação. Ela é um vilão interno, mas o procrastinador que se atrasa para sair de casa e, deparando-se com um trânsito caótico (vilão externo), perde uma reunião importante com o seu melhor cliente — e acaba culpando o trânsito. Na verdade, o trânsito ruim foi algo imprevisível, que poderia ter sido contornado se ele tivesse agido de modo preventivo.

Lembram-se? Para cada sim que você disser, terá que dizer não para outra coisa.

Meu malvado favorito?

Como já vimos anteriormente, os vilões do tempo são maus hábitos, atitudes e comportamentos inadequados, desenvolvidos com forte colaboração do *Self 1*, que validam interferências (medos, críticas, julgamentos e crenças limitantes) como verdades inquestionáveis.

Com vários disfarces, os vilões, muitos deles bastante convincentes, nos fazem crer que estão nos ajudando. Dependendo da cultura, alguns vilões são valorizados e até estimulados.

Vale o alerta de que eles andam em grupos e pares: quando um deles exerce influência, é bem capaz que haja outro pronto para entrar em cena. E a boa notícia é que quando você elimina um vilão, leva outros junto.

Na minha percepção, nenhum vilão é bom: todos, um a um, precisam ser eliminados para se conseguir mais eficácia com menos estresse.

A seguir apresento um quadro com alguns vilões famosos e conhecidos da maioria de nós. Veja quais desses vilões têm mais poder sobre você.

Selecione se o vilão toma o seu tempo, ou se você lida bem com ele.

Vilão	Esse vilão toma o meu tempo. O que eu posso fazer?	Eu lido bem com esse vilão. O que eu faço?
Reuniões		
Celular/ WhatsApp		
E-mails		
Perda de foco		
Dificuldade para dizer não		
Interrupções		
Mudança de prioridades		
Falta de organização		
Falta de planejamento		
Procrastinação		
Medo de errar		
Perfeccionismo		
Impontualidade		

Deixei espaços em branco para você inserir vilões não citados que você acredita ter por perto. E, a seguir, apresento uma lista, com suas principais características.

Reunião

No ambiente corporativo, a reunião é considerada, de longe, o pior vilão do tempo, quando deveria ser a maior contribuição para os profissionais. Imagine que você colocou na mesma sala pessoas engajadas no projeto – com poder de decisão administrativa ou técnica – que ouvirão a mesma mensagem e poderão deliberar sobre a melhor solução. Será? Claro que não é isso que acontece. Se contarmos que cada indivíduo vai com seu *Self 1* e *Self 2* presentes, já teremos mais participantes do que os convocados. E se o assunto for polêmico, é possível imaginar quantos pensamentos diferentes ocorrem na cabeça de cada um. Se o coordenador fez a sua tarefa – encaminhar a agenda com antecedência, convidar pessoas certas, elaborar pauta factível e souber conduzir a reunião com firmeza em relação ao tema, tempo e gentileza em relação aos participantes – terá mais chance de que a reunião seja boa.

Porque, para que a reunião se torne produtiva, é preciso atender o objetivo do encontro. O coordenador precisa gerenciar o tempo, estimular a participação de todos, conter discordâncias pessoais e polêmicas infrutíferas e manter a discussão no campo das ideias. E, assim, terminar a reunião no horário e com o objetivo atingido e a certeza de que todos entenderam o que fazer para implementar o que foi deliberado. Fácil? Se você já participou de uma única reunião, saberá que não.

Uma reunião eficaz compreende sete passos:

1) **Agenda** para convocar, **pauta** para conduzir e **minuta/ata** para finalizar.

2) **Pontualidade** para começar e terminar.

3) **Convidados certos e** preparados para atender os **objetivos, durante e após** a reunião.

4) **Coordenador** gentil com as pessoas e firme quanto ao **propósito a ser alcançado**.

5) **Foco** na busca da **melhor solução**.

6) **Estimular a participação e a liberdade de ideias, e conter as objeções, críticas, desqualificações e julgamentos precipitados.**

7) **Promover o** entendimento das responsabilidades e ações após a reunião.

Telefone celular/*WhatsApp*/ e *tantos outros*

Como a maioria dos recursos tecnológicos, o celular e, principalmente, o *WhatsApp* surgiram para nos ajudar, mas em pouco tempo viraram vilões. Algumas pessoas não conseguem ficar minutos sem olhar o aparelho, ler e responder mensagens; não importa o que estejam fazendo. Acreditar que o tempo de resposta para quem está do outro lado da linha é mais importante do que para aquele que está a sua frente é um grande equívoco. Usar o aparelho durante reuniões, almoços, e momentos de lazer com amigos e familiares demonstra falta de interesse e desrespeito com o interlocutor. Manter mensagens via áudio sem saber se o receptor aceita e, pior, sem se identificar. Nós precisamos aprender a manter o foco naquilo que estamos fazendo por inteiro. Consequentemente, a perda de foco gera o desperdício de tempo. Dormir com o celular na cabeceira e se deixar afetar a cada toque não costuma ser um bom hábito para a manutenção da saúde. Sem contar que as ondas emitidas pelo celular são prejudiciais à saúde. Já está comprovado cientificamente que afeta a qualidade do sono e a produção de melatonina (hormônio responsável por ajudar a adormecer e regular o ciclo do sono). Cada um pode se perguntar: *o que me impulsiona a não me afastar do celular? O que de pior poderia acontecer se eu não atendesse, lesse a mensagem ou ouvisse o áudio? Qual seria um bom limite para eu parar de consultar o celular à noite? O que eu poderia ganhar se preservasse mais o meu tempo livre?*

Se o que está motivando for a insegurança e o medo de perder algo ou ser julgado por não responder de imediato, o melhor será aprender a negociar com o *Self 1* que está apitando no seu ouvido essas crenças.

Como já foi mencionado, nomofobia é uma compulsão caracterizada pelo medo irracional de permanecer isolado e desconectado do mundo virtual. Na abstinência do celular ou *tablet* (*internet*), os sintomas são muito semelhantes aos da síndrome de abstinência de drogas como álcool e cigarro. E a pessoa não consegue passar mais de cinco minutos sem olhar, consultar ou ansiar por receber uma mensagem.

Perfeccionismo

É o hábito-vilão que muita gente adora dizer que tem. Como na típica frase de entrevista de emprego: "Meu perfeccionismo é meu pior defeito", dita com certo orgulho. Porém, essa característica é uma compulsão como outra qualquer, que impede uma avaliação realística do trabalho. ***Vale a pena deixar bem claro que valorizar a excelência é diferente e sempre será uma qualidade***

valorizada e bem-vinda na vida e no trabalho. O vilão perfeccionista perde prazo, muda o que está bom para melhorar ainda mais e perde o foco do objetivo para criar algo diferente, para buscar mais informações ou para conferir o conferido. O perfeccionista procrastina uma decisão importante para ter a certeza de que não cometerá nenhum erro. Totalmente influenciado pelo *Self 1*, não consegue considerar o seu trabalho, ou o do outro, bom o suficiente, porque acredita que sempre poderá melhorar. Uma atitude que traz consigo outros vilões atrelados e a eterna insatisfação pelo que foi realizado. Ao invés de comemorar, ele pensa: *até que foi bom, mas poderia ser melhor. Da próxima vez, eu quero mais tempo, dinheiro, informação para ficar melhor.*

Falta de pontualidade

Um vilão bem comum, principalmente entre os brasileiros. É comum ouvir o contratante para seminários de Gestão do Tempo me avisar que é melhor contarmos com quinze minutos de atraso, ou sugerir colocar no convite que o evento deverá começar antes do previsto. E explica que faz isso porque ninguém cumpre horários rígidos para o início das reuniões. Nesse momento, penso que estou no local certo. É preciso muita força de vontade para eliminar esse mau hábito. Ele é bem aceito entre os brasileiros: chegar atrasado para um compromisso social, jantar e casamento é comum. Para essas pessoas, é como se o tempo fosse elástico, não consideram deslocamentos, imprevistos, trânsito e outros fatores sobre os quais não se tem nenhum poder de influência. Como eu já disse anteriormente, um vilão costuma trazer outro por perto, e a falta de pontualidade em geral está atrelada à falta de organização, à falta de disciplina e à falta de planejamento.

Mas pode ser consequência da dificuldade de aceitar que disciplina não é cumprir ordens, e sim experimentar a liberdade de fazer as próprias escolhas, com base nas prioridades.

Falta de planejamento

Esse é o hábito-vilão provocado pela ansiedade em ganhar tempo, executando antes de se organizar para agir. Muitos profissionais recém-promovidos ainda estão apegados às tarefas que gostavam de fazer e não conseguem ter uma atitude executiva, o que os impede de gerir estrategicamente a equipe, como é esperado na nova posição. E quando a falta de planejamento já se tornou um hábito, essa pessoa nem percebe que precisaria parar e refletir o que e como fazer e, principalmente, porque fazer; antes de orientar a equipe sobre o que precisa ser feito ou tomar uma decisão.

Uma confeiteira experiente sabe que, antes de fazer um bolo, precisa saber para quem ele é destinado, o porquê de ele existir, quantas pessoas deve servir, qual a preferência de sabor e estilo e quando deverá ser entregue. Depois, irá reunir os ingredientes na medida certa e verificar os equipamentos que precisa utilizar, para garantir que o tempo de preparo atenderá a demanda. Só então ela começa a produzir. E se para um bolo atender o seu propósito o planejamento é fundamental, imagine para uma tomada de decisão importante, um projeto, o cumprimento de uma tarefa, uma vida. A falta de planejamento é o que causa os maiores problemas no trabalho e na vida. Aquele que acredita que não tem tempo para planejar antes de executar precisará refazer ou interromper o trabalho, seja porque faltou um dos recursos ou informação, seja porque fez uma negociação equivocada com o cliente, fornecedor, gestor imediato. Quanto mais urgências uma pessoa, empresa, família ou estudante enfrenta, mais é sinal de que o planejamento está capenga.

Falta de organização

Muitas vezes, o desorganizado adquiriu esse hábito porque crê que é capaz de fazer muitas coisas ao mesmo tempo. Prefere ter vários materiais a sua volta e acredita que, se parar para organizar os espaços, irá perder tempo. Esse mau hábito provoca muitos desperdícios de tempo, perda de documentos e esquecimentos. Em geral, quem não consegue se organizar, também se sente pressionado internamente por resultados, tem muitas ideias e dificuldade para definir prioridades, manter-se focado e acaba dando espaço para a ansiedade e essa para a preocupação. Eu conheço esse vilão bem de perto, e demorei para manter meu local de trabalho organizado. E se descuidar, deixo a minha bancada um caos em poucos minutos. Mas se eu consigo manter a ordem, tenho certeza de que você também conseguirá, se desejar. A falta de organização pode vir de mãos dadas com a crença de que é capaz de fazer várias coisas ao mesmo tempo. E nesse turbilhão de tarefas, a organização não encontra espaço.

Perda de foco

Esse é o vilão que distrai com facilidade e conduz a vítima para divagações. A pessoa fica imersa em seus próprios pensamentos, navegando a esmo pela internet. Perde-se nas conversas, começa falando de um assunto e muda para tantos outros e perde o fio da meada. Os almoços são tão prolongados que parecem eventos. Sua imaginação é fértil – repleta de pensamentos, dúvidas, questionamentos, curiosidades – e é facilmente captada pelos estímulos a sua frente.

As mídias sociais se transformam em verdadeiros parques de diversão. Quando nossos interesses são múltiplos, acreditamos que, se optarmos por uma coisa, estaremos perdendo a oportunidade de fazer outra tão ou mais interessante, e isso nos leva a pular de um assunto para outro, de um projeto para outro, de um interesse para outro e, às vezes, de um relacionamento para outro. Começamos alguma coisa e facilmente nos distraímos com outra. Algumas pessoas iniciam uma pesquisa na internet sobre investimento, e acabam estudando como se dá o processo de mumificação. Ao acreditar que são multitarefas e que podem fazer várias coisas ao mesmo tempo, deixam de considerar aspectos relevantes de um trabalho. Há um imenso gasto de energia e de tempo. E eu conheço excelentes profissionais que realmente acreditam que são multitarefas, ou seja, são capazes de fazer bem-feito várias coisas ao mesmo tempo. Só não compreendem porque andam tão estressados. **Algumas pessoas com muita iniciativa e pouca acabativa começam várias coisas e projetos que acabam abandonados** num canto da mesa ou perdida no computador.

Procrastinação

O perfeccionismo, o medo de errar, a falta de pontualidade e a falta de organização e de planejamento contribuem para a procrastinação. O otimismo exagerado ("no final tudo dá certo") é outro fator que colabora para o quadro. A parte mais difícil de detectar nesse Vilão do Tempo é o medo que está por trás dele. Medo de não conseguir realizar, dificuldade para pedir ajuda, ou de admitir que não entendeu a solicitação ou de que não sabe por onde começar ou se será capaz de realizar. O Inverso também é verdadeiro por considerar a tarefa aquém de sua competência, sem valor ou relevância. Quando o hábito da procrastinação está instalado, a pessoa atua no modo automático e, mesmo quando dispõe de muito tempo para realizar um trabalho, só o fará no último momento e sob pressão. Inclusive tem muita gente que diz: *só sei produzir sob pressão*. A procrastinação facilmente provoca tensão e ansiedade para ser concluída no prazo. Justificar a perda de prazo, achar um culpado, ou se sentir culpado por ter feito uma tarefa na última hora e com esforço gera frustração. A procrastinação quando se torna um hábito é preciso muita disciplina para vencê-la. Porque ela acaba trazendo outros vilões atrelados, como dificuldade para planejar, perda de foco e falta de organização.

Dificuldade para dizer NÃO

Como já vimos, esse hábito está ligado às crenças que impedem as pessoas de colocar limites nos filhos, nos parentes, nos amigos, nos clientes, fornecedores, chefes, colegas e subordinados. Você se lembra de Jane, que precisou dar limites à amiga? Aqui, há o medo de ser rejeitado, excluído, de ser visto como pouco colaborativo, ou de ser percebido como não capaz quando desafiado. Em alguns casos, medo de não ser amado e, na pior das hipóteses, de ser abandonado. Algumas pessoas parecem acreditar que todo mundo tem mais direitos do que elas, e isso as torna muito submissas, como se estivessem impossibilitadas de fazer exigências. E se a pessoa ousa dizer *não*, ela se arrepende e se culpa por ter feito isso. A dificuldade de dizer *não* também pode provocar uma atitude agressiva além da conta para conseguir se impor e posicionar. Enfim, prever comportamentos e atitudes é sempre algo que pode ir além do previsível. E posso afirmar que nos seminários esse é um dos vilões mais comuns. É um alívio quando as pessoas percebem que, sim, podem dizer *não* se souberem como fazer, de forma educada, gentil, e, se for para o seu gestor, com bons fatos e argumentos. Ou sugerindo que o próprio gestor defina qual é a prioridade para ser cumprida, quando existem duas ou mais solicitações simultâneas.

Muitos clientes me dizem que aceitam participar de reuniões improdutivas para a posição ou irrelevantes, com receio de não serem mais convidados. Quem você acredita que está soprando no ouvido o perigo de rejeição? Claro! Acertou se pensou no *Self 1*. Mas o pior é essas pessoas comparecerem à reunião e ficarem no celular ou no computador, respondendo e-mails ou conversando outros assuntos dentro da própria reunião. E não contribuem efetivamente para a reunião que se propuseram a assistir. Isso é um verdadeiro desserviço para a gestão eficaz do tempo.

Mau uso da tecnologia

A tecnologia está aí para facilitar a vida moderna, mas o seu mau uso faz com que se torne uma grande Vilã do Tempo. Na verdade, tudo depende da atitude, de aprender com ela ou virar escrava dela. Nesse caso, se o mau hábito vier em conjunto com a falta de planejamento e de disciplina, é inevitável a perda de foco. O *Self 1* sopra no ouvido dessa pessoa e ela pensa: se eu não *responder logo, o que poderão pensar de mim?*. Soa o sininho e a sua curiosidade entra em ação: o olhar pula para o celular e pronto você foi abduzido pelo WhatsApp. Um vídeo: *Eu vou dar uma paradinha, estou tão cansada. Esse trabalho é tão chato, preciso de uma parada para me distrair. Também, tudo de pior sobra para mim mesmo.*

É possível alegar falta de tempo para aprender como funcionam os recursos que você terá que utilizar no dia a dia. É uma excelente forma de jogar tempo e bom humor fora, quando você não domina os recursos dos equipamentos tecnológicos que utiliza para trabalhar.

*Se existe um vilão em ação,
o seu tempo vai ser desperdiçado.*

Os vilões não param por aqui, mas o objetivo é trazer um alerta sobre os malefícios que eles trazem. Cada um sabe o que o impede de gerir bem a sua rotina. Vou contar algumas histórias verídicas (se houver nomes, estão alterados para garantir o anonimato) que mostram que existem vilões do tempo em situações em que nem sonhávamos sua existência.

Os falsos bonzinhos

Conforme dissemos anteriormente, há uma outra categoria de vilões do tempo que não é tão explícita. Seus agentes estão fora do senso comum porque são customizados para cada pessoa, de acordo com seus vínculos, condicionamentos, afetos e particularidades. Uma mãe amorosa, mas extremamente carente e controladora, pode ser uma grande vilã do tempo. Um chefe que adora fazer elogios, é supersimpático, porém não cuida de seus afazeres e desorganiza um departamento inteiro pode ser um vilão do tempo. E o pior é que, geralmente, as vítimas desses vilões se julgam horríveis e injustas quando se sentem oprimidas, cansadas ou sobrecarregadas. Por isso mesmo, continuam dizendo SIM para eles, enquanto dizem NÃO para si mesmas.

A autoconfiança nutrida pela autoestima elevada nos possibilita estar mais alertas para perceber essas artimanhas sofisticadas que, mesmo que sejam feitas de forma inconsciente, são grandes inimigas da gestão do tempo.

Se nos embasarmos na dinâmica do *Self 1* e *Self 2*, também conseguimos entender o jogo e, quem sabe, virá-lo a nosso favor. Se detectamos a voz do *Self 1,* nos julgando como insensíveis ou mal-agradecidos, podemos recorrer ao *Self 2* e encontrar maneiras de negar os abusos de forma clara, tranquila e até mesmo amorosa. Digo *jogo* porque a complexidade dos vilões consiste em perceber quem está nos atacando, se um agente externo, interno ou ambos. E também observar como podemos reagir da melhor forma para eliminá-los, em vez de entrar em conflito com eles.

A menininha linda

Sacha, uma menina linda, de cabelos loiros encaracolados, tem uma particularidade: em vez de dormir à noite, invade a cama dos pais e com isso lhes rouba o direito de descansarem, querendo agradar e brincar com eles. Quem diria: Sacha é uma supervilã. Adquiriu o hábito de dormir várias sonecas durante o dia para estar desperta à noite. Ela é encantadora, meiga, e torna difícil para os pais estabelecerem limites – e talvez o que ela esteja comunicando é que sente a falta deles. Em um caso como esse, a família precisa rever os hábitos, de modo a fazer mudanças para restabelecer a harmonia e a convivência salutar para todos. E os pais e Sacha conseguirem dormir à noite.

O chefe do urgente

Jorge é um executivo bem-sucedido e competente, mas para ele urgente é pouco. O seu senso de rapidez ultrapassa os limites do bom senso, e se ele consegue agir com tamanha rapidez nem todos da equipe conseguem acompanhá-lo. Ele gera estresse desnecessário e com frequência enxuga os prazos que já são curtos. Ele não percebe que está sob a influência de um senso de urgência interno que o mantém alerta 24 horas por dia e gerando ansiedade a todos a sua volta. Um dia, conversando comigo, ele confessou que se sentia cansado, porque ninguém acompanhava o seu ritmo e isso o aborrecia, até mesmo quando viajava de férias ou nos finais de semana conversando com amigos e parentes. O ideal seria ele perceber que ser produtivo é diferente de ser algoz da eficácia. Cumprir prazos é muito bom, porém diminuir os prazos para garantir alta *performance* é estressante. Trabalhar muitas horas seguidas depois do expediente pode ser bom para ele, mas não é para a maioria das pessoas que tem outras coisas interessantes para fazer além de trabalhar. Mandar WhatsApp e e-mails à noite e esperar que o outro responda é, no mínimo, falta de bom senso. Não perceber que as pessoas têm ritmos diferentes de absorver conteúdos e processar informação não é algo para se ter como informação, e sim como ação na prática.

O marido apaixonado

Peter, um marido apaixonado que liga inúmeras vezes para a esposa que acabou de ser promovida apenas para conversar um pouco, é um vilão do tempo. É difícil para a esposa recém-casada e apaixonada não atender ou estabelecer limites para tais ligações durante o expediente. O que está por trás desse vilão? Atitude controladora? Será que Peter está competindo com o trabalho dela? Quer descobrir o que é mais importante para a esposa, se ele ou o trabalho? Ou apenas revelar que sente a falta de mais momentos juntos? Essa pode ser uma boa oportunidade para ela refletir sobre como distribui o seu tempo entre vida pessoal e profissional. Talvez precise expressar de forma mais carinhosa seus sentimentos por ele.

Os pais idosos

Você já passou ou viu uma situação em que pais idosos, e queixosos, parecem piorar de saúde quando a filha ou o filho chega para visitá-los? Os pais que agem dessa forma estão sendo vilões sem perceber. A situação provoca afastamento, porque a visita é um momento de pouco convívio prazeroso e muita reclamação e, ao mesmo tempo, incita a culpa pelo fato de não se sentir bem em visitar os próprios pais. O que esse tipo de vilão está buscando? Carinho? Atenção? Sentir-se cuidado e protegido? Sentir que é importante para os filhos? A dificuldade para expressar sentimentos e trocar carinho pode ser dos filhos, dos pais ou de ambos. Se não houver um entendimento, e um movimento para rever essa dinâmica, os vilões tomarão conta do relacionamento. E cada visita representará um fardo para os filhos e uma oportunidade para os pais se queixarem dos infortúnios da idade.

O gestor

Os gestores costumam encarnar vários tipos de vilões no mundo corporativo. Aqui vamos focar em Matheus, que costuma chamar os subordinados várias vezes para pequenas reuniões na sala dele e acaba conversando sobre outros assuntos. Ele não contabiliza esse tempo quando chega a hora de cobrar os resultados de sua equipe e manter o prazo combinado. Esse tipo de vilão é muito comum e, muitas vezes, sua competência e carisma encantam as vítimas, que não conseguem se desvencilhar de seus poderes. Para elas, resta ficar até mais tarde ou levar trabalho para casa. A dificuldade para dizer *não*, pautada no medo de ser mal compreendido ou rejeitado futuramente, mantém a vítima presa ao vilão sem questionar. Lembra-se da Beth que nunca havia questionado o chefe, quando este invadia a sua agenda pessoal depois do expediente.

Se os vilões mais famosos são mais fáceis de lidar, tanto externa quanto internamente, esses, mais sutis, disfarçam o que está acontecendo a nossa volta, e ficamos sem saber de onde vem a sensação de mal-estar que causam. Aqui, a observação e a conexão com o *Self 2* valem ouro.

O happy hour obrigatório

Algumas equipes, inclusive lideradas pelos gestores, adoram programar *happy hour* para comemorar qualquer coisa. Aniversários, descontrair; e quem não participa acaba ficando malvisto. É importante cada um saber o que é melhor para si e se posicionar com franqueza sobre o porquê de não frequentar esses momentos, ou ir quando realmente estiver com vontade de interagir com os colegas de trabalho. E ter clareza que não é essa a razão pela qual as pessoas competentes são avaliadas. Valorizar relacionamentos saudáveis no ambiente de trabalho é fundamental para manter o clima de bem-estar a sua volta. Fazer algo somente para agradar outros com medo de ser rejeitado ou etiquetado de antissocial não é a melhor forma de lidar com a situação.

3 É PRECISO ELIMINAR UM A UM OS VILÕES DO TEMPO

Aprender a reconhecer os vilões é importante e, em vez de lutar contra eles ou negá-los, o ideal é compreender de onde vêm os limites que estão influenciando o nosso modo de pensar (*mindset*).

Em seu livro *A essencial arte de parar* (Editora GMT), David Kundtz afirma que a melhor forma de lidar com os nossos medos é nomeá-los. Segundo ele, nomear os medos é personificar os sentimentos, transformando-os em "pessoas", "entidades", para que possamos interagir com eles, cara a cara. Gosto de pensar dessa forma em relação aos vilões do tempo. Quando "conversamos" com eles, entendemos mais facilmente suas razões. Mas atenção: nenhum vilão é bom, então, precisamos aprender a eliminar um a um de nossas vidas e, para isso, devemos entender as suas dinâmicas. O Vilão do Tempo geralmente se cristalizou como um mau hábito, e, para eliminá-lo, você precisa conseguir calar o seu *Self 1*. Porque ele vai dar um jeitinho de fazer você acreditar que o vilão é inevitável e que você não tem saída senão ceder aos seus caprichos.

Essa foi uma das razões de me encantar pela metodologia do *The Inner Game®*, que explica de forma simples, mas não simplória, o porquê de as pessoas dificultarem suas vidas, quando poderiam ser mais felizes e livres se aprendessem a lidar com as interferências que as limitam.

Isso não quer dizer que os vilões do tempo e o *Self 1* devam ser associados ao diabo, enquanto o *Self 2* é o anjo que nos protege. Não é assim que funciona. Ambos, *Self 1* (as interferências que formam os nossos limites) e *Self 2* (*nosso potencial, essência e recursos internos*), só existem dentro de nós e coabitam a nossa mente.

Cabe a nós decidir a quem daremos mais espaço.

> *"As crianças nascem príncipes e os pais os transformam em sapos."*
> **(Eric Berne, precursor da Análise Transacional)**

A diferença é que **o *Self 2* nasce conosco**, e todos nós nascemos plenos, repletos de possibilidades, coragem e alegria por estarmos vivos. O *Self 2* é a nossa força interior, a mente criativa que contém nossas múltiplas inteligências, recursos internos e talentos. No início de nossa vida, nós somos muito mais *Self 2* do que *Self 1*.

Basta olhar para uma criança pequena, que não tem consciência de sua condição socioeconômica, para perceber como ela está livre para ser quem ela quiser ser. Com o passar do tempo, as pessoas que influenciam a sua formação vão mostrando os limites e as dificuldades que a vida irá lhe apresentar. Assim como vão colocando rótulos bons e maus sobre quem ela é, sobre o mundo e, principalmente, buscando comprovar que a vida é um lugar de lutas.

É assim que o *Self 1* **vai sendo construído**, principalmente na primeira infância. Recebemos a contribuição de pais, avós, professores e de todas as pessoas importantes na nossa formação. Tudo somado ao nosso temperamento e jeito de ser. O grande problema é que, desde que somos bem pequenos, o *Self 1* vai guardando no seu *"hardware"* tudo o que ouve, enxerga e percebe a sua volta, mas sempre dá preferência às informações que contêm críticas, julgamentos, medos e modelos mentais restritos.

Sendo mais específica, ele gosta de guardar as **coisas ruins** que falam **sobre nós e para nós** sobre o mundo e pessoas, tais como:

- "Menina! Você é uma manteiga derretida". – *Crítica*.
- "Garoto, você **não sabe nada**, então, fique quieto". – *Julgamento*.
- "Filho, **não confie** em ninguém: o mundo é cheio de traições". – *Medo*.
- "A **vida não é fácil** para ninguém e não será para você também". – *Crença limitante*.

Quando eu era pequena, ouvi muito coisas do tipo:

- "Seja **mais discreta**, você é muito exagerada". – *Crítica*.
- "Você pensa que sabe tudo?" – *Julgamento*.
- "O **mar é muito perigoso e traiçoeiro**". – *Medo*.
- "*Tudo o que vem fácil vai fácil*". – *Crença limitante*.
- "As paredes têm ouvidos, cuidado com o que você fala" – Tornei-me um túmulo (o que acabou sendo bom para a minha profissão).

Todos temos um *Self 1*, e alguns são mais severos e destrutivos do que outros, mas o que eles têm em comum é a carga pesada que trazem, sem necessidade. Por exemplo, a crença de que você até pode obter o sucesso almejado, mas precisará suar muito a camisa, perder noites de sono antes, durante e depois (primeiro, preocupado em conseguir e depois em manter o que conquistou) é obra do *Self 1*.

O *Self 1* tem uma intenção positiva, a de nos proteger, mas o faz de forma equivocada, porque não confia na nossa capacidade, no nosso imenso potencial. *"Não sonhe muito alto, para não sofrer demais na hora da queda"*. Um cliente me contou que vivia um conflito porque gostava de sonhar, mas sempre que começava a sonhar via o semblante da mãe repetindo essa frase. O *Self 1*, tal qual um pai severo, afeta a nossa autoestima porque nos faz duvidar de nossos talentos e de nossas possibilidades ou exige que sejamos invencíveis a qualquer custo. Isso impede ou dificulta a conquista do que desejamos.

Eu tive um cliente, de origem oriental, que começou a aprender a jogar tênis muito cedo. E como se saiu muito bem, o pai passou a exigir que ele participasse de campeonatos com a obrigação de vencer. Ou seja, uma atividade que começou bem se transformou num fardo pesado, pois o garoto não queria decepcionar o pai. Tinha horror às aulas e aos campeonatos, mas se sentia obrigado a participar deles. Hoje ele é um excelente profissional, competitivo, estudioso, que quer estar à frente na sua área de atuação, mas demorou para se libertar das amarras do *Self 1*, que insistia em tornar suas conquistas uma batalha que era obrigado a vencer. Na verdade, ele aprendeu muito cedo, devido à sua cultura, que o que não era suado não poderia ser valorizado. E até hoje precisa estar muito atento porque o *Self 1*, se puder, rouba a cena.

Lembro-me de outra cliente, no caso, uma mulher, bem-sucedida, que, mesmo sendo considerada pela empresa e alta direção como *high potential*, quando veio para o processo de *coaching* dizia que não conseguia acreditar que era tudo aquilo o que viam nela. Durante o processo, foi compreendendo o poder que o *Self 1* exercia sobre sua forma de se autoavaliar. Um dia me contou que seu pai nunca a elogiava e, embora ela fosse a melhor aluna da classe por vários anos seguidos, o pai dizia que aquilo não era o suficiente e que ela podia se esforçar mais. Ela cresceu, formou-se, alcançou sucesso, era reconhecida pelos excelentes resultados, mas achava que poderia ter feito melhor e, por isso, não conseguia comemorar suas vitórias. Durante o processo, ela aprendeu a lidar com o *Self 1*, um companheiro difícil de se livrar, e hoje ocupa a primeira posição no comando da empresa. Sua autoconfiança lhe permite desfrutar as vitórias, reconhecer suas competências e enfrentar os desafios com mais segurança. Sem contar que os subordinados dizem que ela se tornou uma gestora mais generosa e inspiradora. Entretanto, ela não pode descuidar, porque o seu *Self 1* está sempre no banco de reserva, pronto para jogar.

Conheço pessoas que se sentem incapazes e acreditam que nada dá certo para elas. Que são passadas para trás. Elas sofrem porque se sentem confusas entre uma tênue certeza de que são boas e uma constatação prática de que não são. E quem está ao lado delas? Ele mesmo, o *Self 1*, reforçando os medos, as autocríticas, pronto para fragilizar e tornar tudo mais difícil. Nesses casos, o *Self 2* está enfraquecido, esquecido, mas, ainda assim, acaba encontrando uma forma de se manifestar de alguma forma. E a pessoa faz coisas fora do ambiente profissional que gera reconhecimento e elogios, com: cozinhar muito bem, escrever, compor, tocar, dançar, costurar, cantar. Ou seja, exercer um talento com maestria sem remuneração. O problema é que nada disso se torna uma fonte de renda satisfatória, porque a pessoa cristalizou a ideia de que não é capaz de gerar recursos financeiros sustentáveis. E que ganhar bem com trabalho é coisa para poucos.

Para qualquer um de nós, a chance do *Self 2* se manifestar aumenta consideravelmente quando estamos à vontade, relaxados e em ambientes confiáveis. Quando não temos expectativas e soltamos um desejo distante de nossa realidade, que mais tarde acontece como um milagre. Ou até quando estamos sob forte pressão, totalmente estressados em situação de perigo iminente, e nos surpreendemos com nossas próprias capacidades manifestas. O *Self 2* assume o comando, tira o *Self 1* do ar, e fazemos coisas que se parássemos para pensar antes de realizar, com certeza não sairiam com tanta eficácia. Podemos nos tornar verdadeiros heróis.

Mas o ideal é que possamos dar espaço para o *Self 2* não só em situações específicas e raras, mas no dia a dia. Que ele seja nosso companheiro. O caminho para isso é cuidar e zelar pela nossa autoestima, pois, só quando ela está fortalecida e nutrida, somos mais capazes de lidar com resiliência com os imprevistos, com os fracassos, com as críticas externas, com as situações adversas e inesperadas. Ao conseguirmos conter a impulsividade e o medo de sermos rejeitados ou desaprovados, por si só, já nos tornamos mais eficazes e assertivos.

CAPÍTULO

IV

TEMPO PARA ORGANIZAR O TEMPO

O que você faz? E para que faz o que faz?
Quando a nossa vida se torna uma sucessão de obrigações
e perdemos a curiosidade de aprender algo novo,
ou mesmo um jeito diferente de fazer algo conhecido,
a vida e/ou trabalho se tornam um fardo.
Qual é a relevância de sua vida e/ou seu trabalho hoje?
Denise Lovisaro

1 O TEMPO EM MINHAS MÃOS

Ronaldo é vendedor de máquinas e equipamentos para a indústria alimentícia e atende grandes clientes. Ele não tem dificuldade para bater as metas de vendas e se orgulha muito dos prêmios que acumulou. Contudo, não entende por que não consegue ser reconhecido pela direção entre os melhores. Considera-se uma pessoa prática e afirma que não gosta de parar para planejar o que vai fazer num dia, numa semana, num mês, e muito menos de se preparar como outros colegas para as visitas ao cliente. Costuma dizer: "enquanto vocês estão planejando, eu estou trabalhando. Eu dou uma olhada no *site* do cliente para me inteirar melhor sobre a empresa, e isso funciona super bem porque não perco vendas". Durante um seminário, Ronaldo me contou de uma situação que teve de enfrentar no trabalho e que, mal sabia ele, mudaria para sempre a sua percepção sobre o assunto. Um dia, ele recebeu a solicitação para atender um cliente novo: tratava-se de uma empresa de biscoitos. A visita estava marcada para o dia seguinte e, muito atarefado, ele não conseguiu sequer consultar o *site* da empresa na internet como era seu costume. Sem saber por quem seria atendido e muito menos que tipo de empresa teria pela frente, ele foi com a cara e com a coragem, confiante em seus muitos anos de prática. Com base na experiência, acreditou que seria atendido por alguém de compras, no máximo por algum técnico ou gerente da produção. No entanto, a surpresa começou quando chegou à empresa, grande e sofisticada, e continuou quando ele foi levado diretamente para a diretoria. Pela primeira vez, desejou que demorasse um pouco mais para ser atendido. Ronaldo é do tipo que fala alto, ocupa espaço e parece ser o dono da situação, transmite segurança ao se movimentar e falar. Mas naquele dia não foi assim que se sentiu; ao contrário, parecia que estava atendendo um cliente pela primeira vez. Quando entrou na sala do diretor-presidente e fundador da companhia, suas mãos e a testa estavam encharcadas e ele usava o lenço para conter o suor que brotava. O sr. João, muito educado e simpático, seu interlocutor, ofereceu água e café com biscoito e demonstrou em poucas palavras que sabia exatamente o que queria. Inclusive, já conhecia a máquina, que vira funcionando na Alemanha durante uma feira, e começou a falar com desenvoltura sobre o produto, na esperança de aprofundar os conhecimentos com Ronaldo. Mas logo percebeu que o vendedor à sua frente não estava à altura de suas expectativas, pois se mostrava despreparado e pouco fluente no assunto. Ele deixou várias perguntas sem respostas e, para piorar a situação, quando abriu a mala para pegar os catálogos sobre o equipamento, constatou que os únicos dois estavam amassados e um deles até mesmo rasgado. Sem coragem de entregá-los, justificou-se como pôde, tentou mostrar no *iPad*, ideia rejeitada pelo sr. João, e prometeu enviar o mais rápido possível todo o material solicitado. Ronaldo, que é sempre muito falante e simpático com todos, portou-se como um marinheiro de primeira viagem, disposto a descer no primeiro porto. E mesmo na iminência de perder um excelente cliente potencial, não via a hora de ir embora daquela empresa. E foi ele mesmo quem me disse: "Denise, eu aprendi que quem planeja, além de estar trabalhando, pavimenta a estrada para o sucesso. Essa foi a primeira e última vez que desejo passar por uma situação tão constrangedora. Senti-me péssimo e muito constrangido. Difícil me perdoar pelo ocorrido".

Essa história do Ronaldo é ótima para exemplificar a confusão em definir prioridades. Questão que percebo muito presente para as pessoas, seja durante os seminários ou nas sessões de *coaching*. A alta demanda por resultados e a pressão do tempo geram confusão mesmo entre os mais eficazes administradores ou vendedores. No caso, Ronaldo aprendeu a lição da forma mais dura, mas não é necessário que seja assim.

Se o Ronaldo agiu desta forma, porque sentia tanta confiança na sua *expertise* que descuidou de planejar o atendimento; se o Ronaldo não deu a devida importância para o contato achando que tiraria de letra; se Ronaldo é um procrastinador por hábito, que sempre deixa para a última hora e, às vezes, perde o *timing*; são atitudes que deixam o terreno fértil para o *Self 1 entrar em ação*.

O que vimos acontecer nas últimas décadas foi que a demanda de trabalho cresceu exponencialmente, enquanto o tempo para realizá-lo continuou inalterado. E ainda mais neste momento, em que o mundo todo está em transformação, e pelo que vejo é só o começo de uma verdadeira revolução na forma de atuar. É importante que o profissional, que almeja ser bem-sucedido em sua carreira, saiba definir prioridades com base em suas missões pessoal e profissional, preferencialmente alinhadas. Para negociar, tanto na vida quanto nas atividades do novo milênio, é preciso saber ao certo o que estamos buscando alcançar; e fazê-lo de modo ético, para que os envolvidos se sintam satisfeitos.

E além de definir prioridades, é preciso saber ao certo em que uma tarefa difere da outra para classificá-la. Quando tudo o que temos para fazer precisa ser finalizado, no menor espaço de tempo possível, podemos facilmente cair na tentação de focar nossa atenção nas urgências e esquecer ou deixar para depois as tarefas importantes.

E é aqui que vem a importância deste capítulo na conquista de mais eficácia, fluência e, principalmente, mais tempo na sua vida. Para diferenciar uma atividade relevante de outra apenas necessária ou urgente, você precisa de um método. Sim, porque conforme vamos ver, nem toda urgência é importante, e nem tudo que é importante tem pressão de tempo.

Já vimos, pelo exemplo do Ronaldo, que a falta de planejamento gera consequências negativas. E a perda do *timing* para fechar um bom negócio acaba gerando urgências para quem depende do nosso trabalho. As crises, a princípio, são vistas como imprevisíveis, mas a maioria delas confirma a afirmação de que o planejamento benfeito evita o desperdício de tempo e garante os melhores resultados para todos os envolvidos. O planejamento não evita a necessidade de redirecionamentos ou impede a mudança de prioridades, porém garante os melhores resultados na maioria das vezes. Sem contar que quando temos planejado o nosso dia, semana, mês, podemos visualizar o andamento dos projetos e o que será preciso fazer para que o prazo estimado seja cumprido ou renegociado antes do final. Para a sua *performance* faz muita diferença renegociar um prazo assumido antes de perdê-lo do que esperar até o último minuto para depois se desculpar por não conseguir cumprir.

2 SERÁ QUE É POSSÍVEL OTIMIZAR TEMPO?

Eu acredito que sim! E a melhor forma de otimizar o tempo, na vida e no trabalho, é quando focamos a nossa atenção no que precisa ser feito agora, sem desvios ou devaneios. Por isso, quando você aprende a classificar as tarefas que precisa realizar fica mais fácil se manter naquela que é a sua prioridade e lidar com as interrupções e imprevistos de modo mais eficaz. Talvez você possa parecer menos simpático aos olhos dos vilões que estão em busca do seu precioso tempo, mas como você não está concorrendo ao título de miss simpatia na empresa, o resultado de sua entrega vai lhe provar que estava certo quando disse "não" gentilmente, ou ofereceu outro dia e horário para a solicitação e se manteve firme com seu propósito.

Toda tarefa tem um peso de acordo com a importância, ou seja, propósito e pressão do tempo (hora marcada) a que estão ligadas.

Se você tem dificuldade para definir prioridades, saiba que não está só. A maioria das pessoas tem dificuldade ou se deixa levar pelas urgências que, na maior parte do tempo, não são suas e, em geral, são ocasionadas pela falta de planejamento de outras pessoas. Sim, quem não sabe planejar, organizar ou se render aos benefícios da disciplina acaba sucumbindo às urgências e investindo o precioso tempo para fazer a tarefa de menor importância.

E como podemos classificar nossas tarefas no dia a dia para garantir investimentos de tempo lucrativos e sustentáveis? No ambiente corporativo é comum as pessoas repetirem que andam apagando incêndios. Nos seminários, fico surpresa como os participantes se queixam sobre a dificuldade, tanto para definir as prioridades num ambiente onde tudo parece ser urgente quanto para cumpri-las. Às vezes me ocorre uma sensação, sem convicção, de que isso é tão aceito no *modus operandi* que ninguém questiona muito. É como se fosse assim mesmo, a vida cada vez mais corrida e todo mundo tendo que fazer muitas coisas ao mesmo tempo sem questionar. Só que a síndrome de *burnout* (se você não conhece essa síndrome, sugiro que faça uma busca pela internet para entender melhor sobre esse mal que está afetando muitos profissionais) também tem crescido e gera muito prejuízo tanto para o profissional quanto para a empresa.

3 VOCÊ TEM CLAREZA DO SEU PROPÓSITO?

Para classificar uma tarefa, o primeiro passo é ter clareza do seu propósito enquanto pessoa e profissional. E aqui não importa se você tem ou não atividade profissional, se você é dona de casa ou estudante. Todos temos um propósito máximo e outros pequenos propósitos a cada escolha que fazemos. Bem, isso se estivermos dispostos a assumir a condução de nossas vidas. Imagine que você é um estudante: o seu propósito é chegar até onde se propôs: curso técnico, superior, especialização, pós-graduação, doutorado. E se você é dona de casa: cuidar de si mesma para poder cuidar dos filhos, da administração da casa, do relacionamento com o companheiro. Se você é profissional significa que foi contratado para fazer alguma coisa, ou como profissional liberal precisa vender, comprar, liderar, ensinar, cuidar, orientar, desenvolver... Essa lista é enorme e você pode acrescentar mais itens para torná-la ainda mais próxima de sua realidade. Essa "alguma coisa" para o qual somos contratados numa empresa, ou deliberamos fazê-lo por conta própria, é o propósito de nossa atuação. E isso significa que quando nos afastamos desse propósito – não importa o que estejamos fazendo de bom – não seremos reconhecidos por essa atuação. Você é avaliado pela qualidade dos resultados que entrega, ou seja, pelo propósito cumprido com resultados satisfatórios e sustentáveis. E não importa se você é estudante, dona de casa ou executivo, seremos sempre avaliados por nós mesmos e pelos outros pela qualidade dos resultados alcançados. O estudante que lê e pesquisa, mas não foca no assunto que garante a nota não será bem avaliado e poderá inclusive ser reprovado. A dona de casa que mantém uma casa perfeita – sempre limpa, roupa em ordem e refeições deliciosas –, mas descuida de si própria para servir aos familiares, poderá se arrepender, se surpreender ou cobrar atenção com juros dos familiares pela dedicação, porque não se sente valorizada e reconhecida à altura de sua dedicação. E o mesmo acontece com o executivo "bombeiro" que vive apagando os incêndios que outros cometem, que aceita participar de reuniões de última hora; sem nem sequer saber ao certo o que é esperado de sua atuação. Que concorda com prazos inexequíveis ou deixa de entregar o seu trabalho no prazo marcado porque precisou atender outra demanda, às vezes, nem tão importante, mas só para não parecer reativo e pouco colaborativo. Se eu estou exagerando? Claro que não! Isso é o que eu tenho visto se agravar ano após ano. Com certeza, esse profissional irá se ressentir quando um colega menos simpático for promovido e ele não. Não se trata de injustiça, e sim de investimentos equivocados de tempo. Você escolheu e, portanto, terá que arcar com as consequências de suas escolhas. Eu considero esse capítulo menos charmoso, mas talvez o mais importante no que diz respeito à gestão do tempo para garantir resultados sustentáveis na vida e no trabalho. Aprenda a classificar as tarefas de acordo com o propósito da sua posição no trabalho ou na vida. E você vai perceber que definir as suas prioridades e lidar com as interrupções ficará mais fácil.

4 O NOSSO JEITO DE CLASSIFICAR TAREFAS

Classificar as tarefas é muito importante quando se pensa em gestão do tempo. E para começar, temos que entender como fazer essa classificação. Por isso, vou sugerir algumas definições que, embora pareçam perfeitamente adequadas para alguns, para outros podem soar estranhas. Não é um problema, pois essas denominações têm um propósito. A ideia é que possamos partir de um ponto em comum e, assim, dentro de nossa metodologia, entendermos como cada tarefa deve ser classificada para ser realizada. Garanto que, muito em breve, esses termos farão cada vez mais sentido. Vamos a eles:

- **IMPORTÂNCIA:** refere-se a propósito e resultados. Se algo é importante, contribui para o alcance e o fortalecimento de seu propósito (sua missão profissional) na organização ou propósito pessoal (missão de vida). Nem toda tarefa importante tem pressão de tempo, mas todas têm relevância.

- **URGÊNCIA:** expressa a pressão de tempo e a necessidade de algo ser feito agora, por você ou por outro. Uma tarefa urgente nem sempre é importante, mas precisa ser realizada agora.

- **TAREFA:** um trabalho para ser realizado, qualquer que seja a complexidade.

Para a nossa metodologia, as tarefas devem ser classificadas em prioritárias, estratégicas, urgentes e rotineiras.

Tarefa é tudo o que temos para realizar. Atividade é a forma como cada um de nós desempenha suas tarefas diárias, ou seja, é algo mais amplo. Significa que, ao executar uma tarefa, nela aplico toda a minha atenção, conhecimento, habilidade e competência (ou não!). Por isso, uma mesma tarefa pode ser realizada de formas diferentes por duas pessoas.

Com isso em mente, temos que começar a definir prioridades; mesmo que todas as tarefas a serem feitas a princípio pareçam ser urgentes e importantes. Isso não corresponde à verdade, e é essa dinâmica que investigaremos aqui. Durante um dia de trabalho, até o mais eficaz administrador do tempo, se não estiver alerta, cairá em uma rede que faz as horas de trabalho escoarem para a direção errada. Se ele apenas reagir às pressões causadas pelas "urgências", que não agregam valor ao seu desempenho, então, pode se desviar da forma como realiza as suas atividades. Isso repercute na organização para a qual trabalha e na sua própria carreira, pois afeta o resultado de sua *performance*. Isso vale para todas as outras posições dentro da empresa, pois cada função é importante. A mesma tarefa pode ser desempenhada de maneira satisfatória por um profissional, mas insatisfatória por outro. Por isso, é significativo perceber que a subjetividade na hora de realizar o trabalho diário fará toda a diferença nos resultados obtidos.

A metodologia que apresentamos aqui tem como objetivo essa classificação, esse entendimento de onde exatamente tal tarefa se enquadra dentro de uma matriz. Assim, fica mais fácil se dedicar às atividades no *timing* correto. Esse molde original propõe a alocação das suas tarefas em quatro quadrantes, a qual, conforme veremos a seguir, busca a otimização do tempo e a maximização dos resultados, com menos esforço. Em outras palavras, essa matriz, que eu chamei de P.E.U.R. – reunião das primeiras letras dos nomes de cada quadrante –, é uma ferramenta que pode diferenciar uma pessoa esforçada de outra eficaz. Isso porque, com a observação da matriz P.E.U.R., um gráfico dividido em quatro quadrantes, é possível aprender onde se deve colocar o holofote, ou seja, qual é o quadrante que mais impacta a sua atuação (*performance*) no trabalho, naquele momento específico. O desperdício de tempo e os investimentos incorretos geram consequências desastrosas e frustrações. **Cada minuto de tempo é precioso num mundo onde a demanda por resultados cresce assustadoramente. Os estímulos se multiplicam e o seu tempo disponível continua o mesmo dos seus antepassados.** As 24 horas do dia!

Vou apresentar a matriz P.E.U.R. em detalhes.

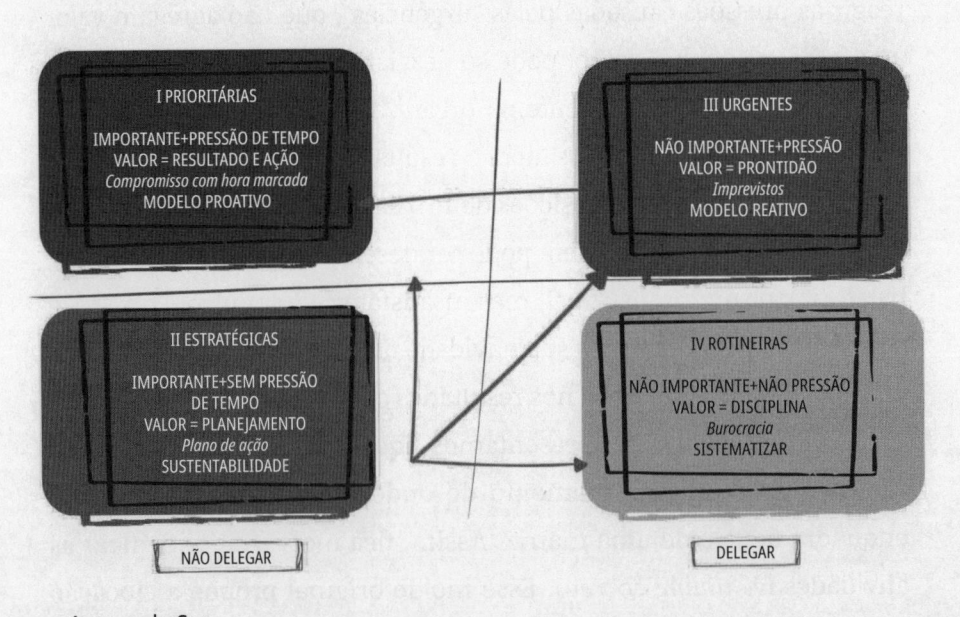

I PRIORITÁRIAS	III URGENTES
IMPORTANTE+PRESSÃO DE TEMPO VALOR = RESULTADO E AÇÃO *Compromisso com hora marcada* MODELO PROATIVO	NÃO IMPORTANTE+PRESSÃO VALOR = PRONTIDÃO *Imprevistos* MODELO REATIVO
II ESTRATÉGICAS	**IV ROTINEIRAS**
IMPORTANTE+SEM PRESSÃO DE TEMPO VALOR = PLANEJAMENTO *Plano de ação* SUSTENTABILIDADE	NÃO IMPORTANTE+NÃO PRESSÃO VALOR = DISCIPLINA *Burocracia* SISTEMATIZAR
NÃO DELEGAR	DELEGAR

AutoconheSer

Como já falamos, a matriz que vamos estudar é dividida em quadrantes; onde devemos alocar as tarefas que precisam ser atendidas no decorrer de um dia, semana, mês. De forma bastante visual, você avalia que o tempo dedicado a cada quadrante varia dependendo da posição que você ocupa na empresa. Quando você dedica mais tempo para um quadrante de menor importância para o seu cargo, você pode estar se afastando de seu propósito (missão profissional), embora essa não costume ser a percepção de quem age assim. E isso significa que estará fazendo certo tarefas erradas.

Os quadrantes são: prioritárias, estratégicas, urgentes e rotineiras. As quatro categorias formam a matriz P.E.U.R.:

- Quadrante I – **P**rioritárias;
- Quadrante II – **E**stratégicas;
- Quadrante III – **U**rgentes;
- Quadrante IV – **R**otineiras.

Depois de entender a fundo cada um dos quadrantes, você conseguirá organizar melhor suas tarefas, com vistas ao cargo que ocupa. Observe que uma mesma tarefa pode mudar de quadrante, dependendo da ocupação e posição hierárquica. Por exemplo, um incêndio, para qualquer um de nós, deverá ser classificado no quadrante III da matriz, que corresponde às tarefas URGENTES, pois se trata de um imprevisto de risco; já para um bombeiro, apesar de continuar no quadrante das urgências, consiste em algo prioritário, afinal, ele foi contratado para isso. Significa que haverá uma inversão: se para nós o melhor será trabalhar com hora marcada, para ele isso é impossível, o seu holofote deverá voltar-se para o quadrante do inesperado. Aqui vale um recado para o leitor: não se preocupe se as divisões ainda não ficaram claras, conheça melhor as definições nas explicações a seguir e repare como elas vão se encaixando com muito mais sentido.

I – Prioritárias

É a categoria que garante o alcance de seu propósito (missão profissional). Foi para realizar essas tarefas que um profissional foi contratado ou promovido. Além de importantes, as tarefas contidas nesse quadrante vão se diferenciar porque compreende um conjunto de tarefas com hora marcada e que devem ser cumpridas num tempo preestabelecido, com competência e alcance dos resultados esperados. Alguns bons exemplos dessas tarefas são a participação em reuniões previamente agendadas, o atendimento e as visitas a clientes internos e externos previamente agendadas, a abertura e resposta de *e-mails* (seu *e-mail* é de sua total responsabilidade), o envio de mensagens e as ligações telefônicas necessárias e importantes. Tais tarefas não podem ser delegadas, pois dizem respeito às funções para a qual a pessoa foi contratada. Quando atuamos no quadrante das tarefas prioritárias, estamos em ação, voltados para resultados; e temos um tempo determinado para a realização das tarefas, porque elas devem ter horário para começar e para terminar. Aqui acho que vale um alerta! Se esse quadrante tem dois critérios fundamentais para incluir uma tarefa – importância e hora marcada – ambos precisam ser respeitados. Se a reunião ou conversa (se preferir chamar assim) não for totalmente necessária, pergunte-se: *por que agendar esse compromisso agora? O que aconteceria se eu deixar para outro dia?*

Mas se a resposta para as perguntas for positiva, respeite o horário e exija o mesmo do seu convidado. Ou se ele chegar atrasado, você pode pedir que de uma próxima vez ele evite o atraso e que agora você dispõe somente de X tempo para conversarem. Se isso soar como grosseiro ou antipático, procure deixar claro que o seu tempo e o dele são muito importantes e não devem ser desperdiçados. Profissionais que valorizam o próprio tempo e respeitam o tempo dos outros, em geral, são mais bem-sucedidos e respeitados por todos. E você pode ser muito gentil e educado com as pessoas, mas firme com o gerenciamento do tempo e cumprimento das tarefas. Perceba a diferença entre um profissional que promete um prazo e cumpre daquele que, além de não conseguir cumprir, deixa para informar na última hora que não será possível concluir o projeto, o serviço conforme o prometido.

II – Estratégicas

Esse quadrante pode ser mal dimensionado se o profissional não avaliar o seu peso real. Esse quadrante é importante e compreende um conjunto de tarefas que darão a sustentabilidade da atuação de um profissional. O tempo investido aqui, somado ao tempo dedicado ao quadrante das tarefas prioritárias, é o que garantirá a alta *performance*. Descuidar desse quadrante coloca todo o seu desempenho em risco, porque implica desvio da qualidade do cumprimento do propósito. A falta de uma visão sistêmica leva muita gente a agir de forma superficial e impulsiva e, nesse quadrante, as tarefas não podem ser delegadas e requerem maturidade para serem executadas, pois facilmente poderão ser deixadas para segundo plano. Quando falamos de tarefas estratégicas, trata-se de planejamentos em geral. São estudos, avaliações de resultados, atualizações, leitura, manter e ampliar *network,* manutenção de relacionamentos internos e externos, definição de princípios e políticas de atuação, elaboração e preparação do plano para conduzir uma reunião. Essas tarefas são indelegáveis, porque delas depende a eficácia do alcance de seu propósito (missão profissional). Uma mãe pode colocar o seu filho na melhor escola, mas não poderá deixar a cargo dos educadores a transmissão de valores e princípios que a família respeita. Um executivo ou profissional do *staff,* na maior parte das vezes, precisa rever a estratégia de atuação quando não está conseguindo obter os resultados almejados, embora se esforce bastante para fazê-lo. **Esse é o quadrante que podemos parar, pensar e refletir antes de agir.** Trata-se de um pilar estratégico e de sustentação para facilitar o alcance da missão. A forma como o profissional lida com esse quadrante também diz muito sobre como ele enfrenta as urgências e como utiliza os recursos internos e externos para otimizar o tempo investido em tarefas de menor importância para a sua posição. Os profissionais que valorizam o quadrante estratégico minimizam as urgências nas empresas em que são líderes. Porque a maioria das urgências é ocasionada pela falta ou inadequação de planejamento. Mas atenção: há um perigo nesse quadrante. Como se pode observar, ele não tem pressão de tempo, ou seja, cada um irá definir o melhor dia e horário para realizar as tarefas desse quadrante, bem como o *deadline*. Portanto, é preciso ficar alerta para não se vitimizar pelo vilão da procrastinação ou por outro que impeça manter o foco naquilo que realmente é importante. Outro alerta importante aqui é que as tarefas desse quadrante, em geral, são realizadas pelo profissional e exigem foco e atenção concentrada, portanto, escolha horários em que esteja mais disposto e desperto.

III – Urgentes

As tarefas contidas nesse quadrante causam pouco ou nenhum impacto no alcance da missão da maioria das pessoas, exceto daquela cuja tarefa principal consiste em lidar com o imprevisto, como bombeiros, plantonistas, socorristas, policiais, telefonistas entre outros. Na maior parte do tempo, as tarefas desse quadrante constituem prioridades dos outros (causadas pelos vilões do tempo externos) ou distrações (causadas pelos vilões do tempo internos) sem valor agregado, exceto nas profissões em que o imprevisto é o propósito. Por terem grande pressão de tempo, costumam desviar com facilidade os profissionais de suas tarefas prioritárias, estratégicas e rotineiras. Aqui, sim, é possível delegar para outros a realização dessas tarefas, ou, se não tiver a quem delegar, investir pouco tempo e tratá-las com objetividade. Na maioria das vezes, uma tarefa urgente não é importante, mas precisa ser realizada na hora. Podemos citar como tarefas urgentes: atendimento de todas as ligações telefônicas sem filtro; olhar o WhatsApp a cada nova mensagem; abrir a caixa de e-mails inúmeras vezes sem resolver ou dar o encaminhamento necessário; deliberar, atender ou não, interrupções de visitas inesperadas, colegas, colaboradores, fornecedores, favores e prioridade dos outros; bate-papos; discussões sobre projetos futuros com quem não tem poder de decisão; e reuniões de última hora sem pauta programada. Eis algumas das causas de desperdício de tempo e energia que mais impactam os resultados de uma empresa de forma negativa. Os planejadores, justamente pela forma como atuam, provocam menos urgências e se blindam mais para evitarem as constantes invasões. São firmes ao valorizar o seu próprio tempo e o das pessoas que trabalham com eles. Diante de uma solicitação de urgência, não se intimidam em oferecer outro dia, outra hora e explicar objetivamente o motivo. Em um ambiente profissional, essa é a verdadeira expressão da gentileza; enquanto que apenas reagir às urgências, sem avaliar as consequências, significa agir de forma impulsiva, às vezes, até imatura quanto às próprias responsabilidades. Um exemplo é quando um profissional deixar de atender um prazo para o qual está comprometido para fazer um favor a outro colega. Aqui, **aprender** a negociar costuma ser uma excelente alternativa para lidar com as urgências e favores, sem fazer inimigos.

IV – Rotineiras

Nesse quadrante estão as tarefas que causam pouco ou nenhum impacto no alcance do propósito de um executivo ou profissional do *staff*. Assim, para quem ocupa essas posições, é preciso investir pouco tempo para realizá-las, se não tiver a quem delegar. Sempre que possível, o ideal é implementar métodos, buscar o mais eficiente uso de equipamentos, tecnologia, para investir pouco tempo e obter bons resultados ou preparar alguém para a realização. Importante dizer que nesse quadrante também reside um perigo; pois tarefas rotineiras, quando procrastinadas, costumam tornar-se urgentes e até mesmo **prioritárias no aspecto negativo**. Podemos citar como exemplo de tarefas rotineiras: abrir e selecionar a correspondência, organizar e manter atualizados os bancos de dados, receber e enviar informações regulares, atualizar sistemas operacionais, manter espaços de trabalho (mesa, armário, arquivo e agendas) organizados. **Efetuar pagamentos e recebimentos em dia**. Garantir o cumprimento de prazos para entrega de relatórios, de documentos, efetuar controles burocráticos. As tarefas contidas no quadrante Rotineiras pressupõem o fazer metódico, sistemático. Quanto mais praticidade e organização, melhor. **Aqui a criatividade tem pouca chance de fazer sucesso.** Mas é bom lembrar que se o cargo em questão for o de uma secretária, assistente administrativo, recepcionista, arquivista, atendimento do SAC, algumas atividades citadas aqui terão muita relevância para a missão profissional e, portanto, estarão presentes no quadrante Prioritárias, mesmo não tendo hora marcada.

Ficou mais claro por que nem sempre uma tarefa urgente é importante? **Quando ela é urgente e importante, ela é prioritária (vital). Às vezes pode ocorrer de uma tarefa urgente se tornar imediatamente prioritária não só para um profissional da empresa, e sim para toda a empresa: isso ocorre diante de uma crise interna ou externa.** Em geral, a tendência das pessoas que caem nas malhas dos vilões do tempo é reagir às questões urgentes em detrimento das prioritárias. Daí a importância de ter um propósito claro e, alinhado à nossa missão, ter um planejamento que justifique a razão das nossas tarefas e dos resultados que queremos atingir com elas. E aqui vale evocar a chamada lei de Pareto, criada pelo economista italiano de mesmo nome (Vilfredo Pareto). Explicada de forma simplificada no nosso contexto, ela diz que 20% das atividades geram 80% dos resultados e que, portanto, concentrar esforços nesses 20% é a atitude mais sensata. O P.E.U.R. ajuda a fazer essa escolha de forma consciente.

Se um profissional investe 70% ou 75 % do seu tempo no trabalho para os quadrantes I e II (tarefas prioritárias e estratégicas) ainda terá os 30% ou 25% restantes para lidar ou supervisionar a rotina e administrar as urgências. O que, na minha opinião, já é muito. O ideal é reduzir o investimento de tempo nesses quadrantes para 20%.

5 QUE TAL EXPERIMENTAR MONTAR A SUA MATRIZ P.E.U.R.?

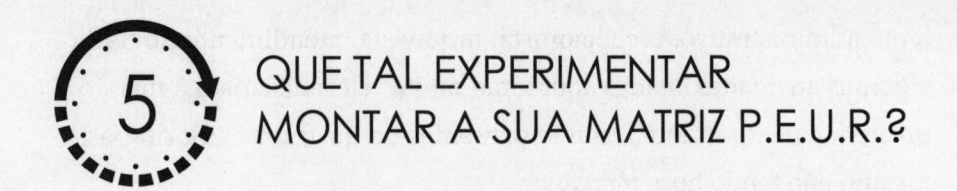

Como você viu na descrição dos quadrantes P.E.U.R., fica mais fácil definir as prioridades entre as suas tarefas quando se tem clareza do propósito, seja da missão pessoal/profissional ou do que se quer realizar. Isto posto, significa que antes de começar a definir as suas prioridades, você precisa definir o que é o seu propósito. Missão de vida? Missão profissional? Fortalecimento da carreira? Missão família? Missão férias? Missão empreender?

Como você pode perceber, não estamos nesse momento focando somente no trabalho, e sim no que você está buscando experimentar na sua vida agora e que poderá orientar suas escolhas e definir as suas prioridades.

Pare e reflita:
- Qual é o propósito (missão) mais importante neste momento da minha vida?
- O que eu espero alcançar com este propósito?
- Como este propósito afeta pessoas importantes para mim?
- Este propósito está alinhado com os meus valores?
- Pensar neste propósito me faz sentir-me bem?

Use o seu *Self 2* para se dedicar a essa reflexão de forma livre.

Aqui é hora de pensar de forma estrutural. Qual é sua missão nesta vida? Neste trabalho? Nesta família? Neste empreendimento? Neste relacionamento? Neste projeto? A missão (propósito) tem a função de uma bússola: serve para indicar a direção e o caminho a ser seguido. Quando você se distancia do propósito, não importa o que esteja fazendo, estará falhando. Você pode estar fazendo certo a tarefa errada. E começa a andar em círculos sem chegar a lugar algum.

Sêneca, no século I, dizia: "Se você não sabe a que porto se dirige, está à deriva".

Missão profissional

Por isso, é importante descobrir o sentido. Mas se estiver escrevendo sobre a sua missão (propósito) profissional; o indivíduo, ao ler, deverá identificar, imediatamente, a sua função e o que é esperado dele em determinada posição profissional.

Outra coisa a se pensar é se o profissional está em sinergia com os objetivos, valores e princípios da empresa. Alinhar a atuação profissional à atividade da empresa é fundamental. Todos os funcionários precisam conhecer o negócio para o qual trabalham, no sentido de garantir que a missão da organização seja alcançada. Uma missão alinhada pressupõe que os valores vigentes são respeitados e a qualidade é alcançada para garantir a satisfação dos clientes (internos e externos) e a lucratividade do negócio.

Aqui, é hora de escrever a missão. E isso deve ser feito de uma forma que transmita força e verdade. No início da frase, a dica é a utilização de verbos no infinitivo, que indicam a realização de atividades e sugerem comprometimento com a função: aconselhar, apoiar, aprovar, aprimorar, avaliar, conduzir, controlar, desenvolver, coordenar, facilitar, liderar, orientar, participar, pesquisar, planejar, preparar, prever, receber, reportar, representar, supervisionar, treinar.

É preciso saber também quais são as suas principais responsabilidades nessa posição. Mencione as principais tarefas que compõem as responsabilidades do seu cargo. Utilize frases objetivas, indicando sempre O QUE é feito e PARA QUE é feito.

Como exemplo, cito a missão da Tempo Luminar Desenvolvimento Humano, que é a minha empresa:

> *Tornar a descoberta de recursos, talentos e possibilidades uma prática estimulante e contínua para o nosso cliente. Essa é a nossa maior contribuição para os nossos clientes físicos e corporativos.*
>
> *O nosso trabalho inspira e orienta o cliente para praticar e continuar o AutoconheSer, porque o autoconhecimento é para sempre.*

Como teoria sem prática de nada vale, chegou a hora de você praticar. Na próxima página, você poderá desenhar a sua própria missão por meio de perguntas. A clareza da missão (propósito) do que você quer vai ajudar na hora de utilizar os benefícios da Matriz P.E.U.R.

Escrevendo a sua Missão

Primeiro leia as perguntas e reflita sobre elas. Se preferir, pode escrever as respostas. Depois junte tudo em frases curtas, com significado, explicando o seu propósito (missão profissional).

1) Qual é o seu propósito / O que você faz ou quer fazer?

2) Para que você faz ou quer fazer? (relevância)?

3) Como você quer ser visto e reconhecido pelo que faz?

Você pode ler, reler e, se for necessário, reescrever a missão (propósito) até chegar à definição mais precisa do que de fato você está se propondo a fazer. Se estiver satisfeito, o próximo passo é distribuir as suas tarefas na matriz do P.E.U.R., sempre considerando três aspectos.

O primeiro é que as tarefas que compõem o quadrante podem mudar, dependendo do cargo e da posição hierárquica.

O segundo é que todos os quadrantes requisitam a sua atenção para trabalhar efetivamente ou cobrar os resultados esperados. Isso significa que ninguém pode ficar estático num único quadrante na matriz P.E.U.R. Durante um dia de trabalho, o ideal é circular pelos quadrantes, e permanecer mais tempo naqueles que são mais importantes para garantir o alcance de sua missão. A diferença entre a função executiva e a função executora está inclusive na forma como o executivo distribui o seu tempo. Um executivo obtém resultados por meio de pessoas; portanto, liderar é inspirar e desenvolver profissionais para que eles possam crescer e apresentar os melhores resultados. O líder diretivo e autoritário, além de não desenvolver seus colaboradores, acaba colecionando desafetos e está totalmente fora de moda e para sempre. Um bom líder precisa dedicar muito tempo no quadrante Estratégico, estudando as questões internas e o mercado, avaliando, planejando como obter os melhores resultados; com base nos recursos de que dispõe frente aos desafios que precisa vencer e, externamente, avaliando o que está acontecendo no mercado nacional e internacional e qual o impacto que isso causa no seu negócio. E será no quadrante Prioritário que ele colocará o plano em prática e atingirá resultados por meio de reuniões objetivas e planejadas. Aqui, a pontualidade é o ponto alto da eficácia. Ele dedicará o mínimo de tempo no quadrante Urgente e Rotineiro, guardando tempo para dedicar aos dois primeiros, que são os mais importantes para a sua posição. Vocês se lembram do Ronaldo, vendedor experiente de equipamentos para a indústria? Se ele tivesse investido o tempo necessário no quadrante Estratégico, estudando o porte do cliente e levantando expectativas antes da visita, teria se preparado para fazer um contato efetivo com o cliente na apresentação do produto. Ele atuou de modo a deixar para segundo plano a razão de sua contratação: ouvir atentamente a demanda do cliente com vontade de ajudar para poder apresentar as soluções de forma adequada, com informações, material e recursos. Quando o vendedor está preparado, ele é fluente sem ser prolixo, é preciso sem ser prepotente. E mesmo tendo clareza que fechar negócios é o seu objetivo, conduz a reunião deixando o cliente à vontade para tomar a decisão sem se sentir pressionado. Daí a importância do quadrante Estratégico tempo para se preparar.

O terceiro é que, quanto mais alta for a sua posição na empresa, mais tempo o executivo precisa dedicar para os quadrantes II e I (Estratégico e Prioritário). Você me diz o seu cargo e quanto dedica de tempo para cada um dos quadrantes, e eu lhe direi se você está no caminho certo ou não. Eu penso que a esta altura você já consegue perceber se está no caminho certo ou se ainda precisa acertar alguns ponteiros para se tornar um bom gestor do seu tempo.

6 DISTRIBUINDO AS SUAS TAREFAS NA MATRIZ P.E.U.R.

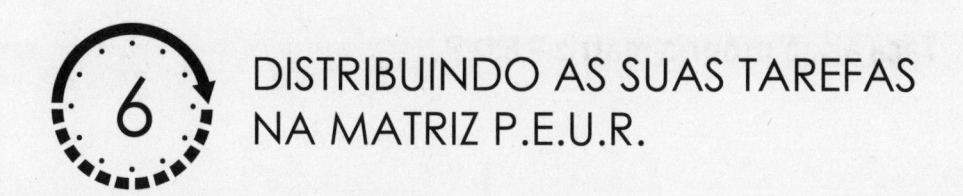

Agora que você já escreveu a sua missão, tem clareza do que é mais importante para você na vida ou no trabalho. Chegou o momento de classificar as suas tarefas na matriz P.E.U.R. Para fazer isso, a técnica é bem simples.

Relacione suas tarefas importantes ou não, durante um dia comum.

A partir de duas perguntas-chaves que levam em conta apenas duas variáveis (tempo e importância/ alinhamento com a missão), você consegue ter as respostas para localizar as suas tarefas em todos os quadrantes. Vamos a elas:

A — Essa tarefa tem importância para o alcance da minha missão (propósito)?
B — Existe hora marcada (pressão de tempo) para realizar esta tarefa?

RESPOSTAS:
SIM + SIM = QUADRANTE DAS PRIORITÁRIAS
SIM + NÃO = QUADRANTE DAS ESTRATÉGICAS
SIM + NÃO = QUADRANTE DAS URGENTES
NÃO + NÃO = QUADRANTE DAS ROTINEIRAS

Faça a sua própria matriz P.E.U.R.

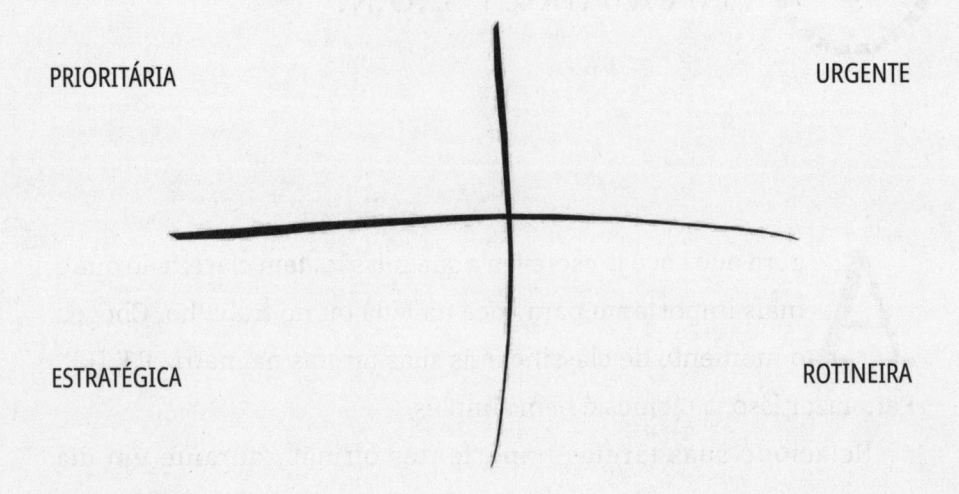

PRIORITÁRIA   URGENTE

ESTRATÉGICA   ROTINEIRA

AutoconheSer

Considero importante ressaltar que quanto mais bem nutrida estiver a sua autoestima, melhor será a sua capacidade de utilizar a Matriz P.E.U.R. Sabe por quê? Você se sentirá mais seguro para conduzir as suas reuniões, participar de outras, oferecendo a sua contribuição de forma equilibrada e educada – mas firme para se posicionar sem precisar se mostrar intolerante, resistente ou prepotente. Você terá mais coragem para voltar atrás, pedir desculpas, elogiar o outro e apontar algo que precisa ser melhorado, de forma eficaz, pontual e não pessoal. Ninguém dá o que não tem. Quando não estamos bem com nós mesmos, podemos nos tornar amargos, ranzinzas e difíceis de conviver. A falta de autocrítica pode nos prejudicar, mas o excesso dela pode nos paralisar.

7 DICAS PARA OS LÍDERES

Aprenda a ser firme em relação ao tempo investido nas atividades importantes, mantendo a atenção e o FOCO para garantir começo, meio e fim no tempo estimado. Não se esqueça de realizar suas tarefas sendo gentil com as pessoas, ouvindo-as e dando espaço para elas se posicionarem, participarem, oferecerem ideias; em um clima leve e descontraído. Com essa atitude, os resultados se tornarão cada vez melhores e as pessoas mais satisfeitas e comprometidas. Trabalhar com pessoas organizadas, fluentes no que fazem, sinceras e inspiradoras torna qualquer ambiente corporativo um lugar ideal para se atuar. Seja para os seus liderados o líder que todos querem ter por perto. Exigente, desafiador, inspirador e empático, tudo junto e misturado. Saber administrar os tempos investidos nas atividades do dia a dia faz toda a diferença nos resultados obtidos. Respeite o seu tempo e o tempo dos seus liderados. Seja o exemplo!

Você pode, se quiser, criar sua matriz P.E.U.R. e refletir sobre ela. Questões como, por exemplo, o quanto está investindo em média por quadrante, qual o sentimento de produtividade ao fim do dia, qual quadrante tem impacto mais positivo na sua *performance* diária, o que é possível fazer para otimizar o tempo e maximizar resultados.

Que mudanças você gostaria de começar a implementar na sua forma de atuar que traria mais resultado e satisfação pessoal.

Depois disso, tente fazer uma lista dos vilões do tempo que mais impactam os seus objetivos e prepare as ações para combatê-los de uma forma harmônica, utilizando o seu *Self 2* e não os conselhos do *Self 1*, em que o medo, a insegurança e a rigidez estão presentes. Lembre-se de que sempre é possível mudar e encontrar um caminho mais positivo de realizar as suas tarefas e conquistar os seus objetivos.

E então? Sente-se mais preparado para gerir o seu tempo com todas as ferramentas que aprendeu até aqui, incluindo a matriz P.E.U.R.?

Sábia organização

Nem sempre nos dedicamos ao que é simples e fácil para organizar nossa vida. Às vezes, recorremos a fórmulas mágicas, sendo que o óbvio pode ser mais efetivo. Neste capítulo, que funciona como um lembrete, mostramos algumas ferramentas que, embora simples de serem executadas, muitas vezes teimamos em não colocar em prática. Chegou a hora de utilizá-las em seu favor.

a) Manter agenda atualizada

Existem vários tipos de memórias (curta, média e longa duração) e, para garantir que você cumprirá todos os compromissos assumidos sem esquecimentos, o ideal é registrá-los. Dessa forma, você se liberta das constantes preocupações que costumam afligir a maioria dos mortais. E use o tipo de agenda que melhor lhe convier, mas acredite que ela é muito importante para evitar esquecimentos, duplicidade de compromissos de ordem pessoal e profissional. Inclusive para evitar declinar um compromisso pessoal por conta de um compromisso profissional, às vezes tão importante quanto. Ou o inverso.

b) Saber utilizar o telefone em chamadas e WhatsApp

Comunicar antecipadamente que você dispõe de pouco tempo, e por isso será breve. Essa é uma boa maneira de encurtar uma conversa, principalmente se a pessoa do outro lado da linha costuma se estender. Responder com sinceridade quando alguém lhe perguntar se você dispõe de tempo, também é eficaz. Se não há tempo, é melhor deixar recados esclarecedores para agilizar a comunicação, evitar aborrecimentos futuros ou prazos perdidos. Planejar a ligação evita desperdício de tempo e garante que você terá obtido todas as informações necessárias quando desligar. Com quem precisa falar? O que quer saber? Quais perguntas fazer? E, principalmente, qual é o objetivo da ligação. Sem esse prévio planejamento, corremos o risco de deixar de pontuar algo que era fundamental e só perceber quando desligamos. Se você prefere mandar áudios, cuidado com o tamanho e procure se identificar antes de fazê-lo. Em se tratando de clientes, superiores, colegas e mesmo com os seus colaboradores, certifique-se de que eles aceitam receber os áudios ou preferem os escritos. Quando for inevitável, justifique porque optou pelo áudio e seja breve.

c) Oferecer outro dia e hora para visitas inesperadas

Como já falamos anteriormente, o bom executivo sabe honrar os compromissos do dia e, caso tenha uma visita ou requisição não agendada, propor outro dia para o seu interlocutor. Para isso, você pode usar gentileza e firmeza: "Desculpe não poder atendê-lo agora, estou terminando um trabalho. De quanto tempo você precisa? Podemos marcar para amanhã ou outro dia, às X horas, está bem para você?".

d) Reconhecer seu relógio biológico

Super importante!!! Reconheça e valorize o seu relógio biológico. Respeite suas necessidades fisiológicas. Cuide da qualidade e horários para se alimentar, valorize o descanso, a importância de se movimentar. Levantar da cadeira de trabalho, se espreguiçar, dar uma volta, tomar muita água para se manter hidratado. Descubra quando você é mais produtivo, mais dispersivo, mais concentrado. Respeite o seu ritmo e tenha na sua respiração uma fonte de informação sobre o seu estado físico e mental. Nem sempre podemos trabalhar nos horários que nos são mais convenientes, mas podemos ter clareza de nossas preferências e limitações ao montar a nossa matriz P.E.U.R. E respeite o seu limite, algumas pessoas têm realmente uma capacidade maior de se manter focada no trabalho, ou em alguma atividade que gostem muito. Mas isso varia de pessoa para pessoa, e cada um de nós precisa conhecer e respeitar os próprios limites e preferências, para manter a saúde física, mental e espiritual. Espiritualidade é diferente de religiosidade. Quando estamos em contato com a natureza é comum percebermos a grandeza do universo. Determine um horário no final do dia para encerrar as atividades profissionais e procure relaxar a mente e o corpo. A meditação contribui para acessar essa força interior – não importa o nome que você der a ela –, e sim o que você irá sentir.

e) Fazer paradas estratégicas

Quando estiver lendo um texto e perceber que não está assimilando o conteúdo, avalie se é um sinal de cansaço mental ou se está querendo fazer duas ou mais coisas ao mesmo tempo. Perder objetos que estão bem a sua frente, esquecer o que estava falando são sinais de que é hora de parar, dar uma volta, tomar um café, uma água, ou até calar ou meditar por cinco minutos. Deveríamos esticar as pernas a cada sessenta minutos sentados e permanecer alguns minutos em pé para garantir a circulação do sangue. Praticar respiração consciente várias vezes por dia nos ajuda a oxigenar o cérebro e faz bem para todo o sistema. Tomar água, mantendo uma garrafa ao lado na mesa de trabalho. Mexer pernas e braços e até espreguiçar pode ajudar a nos manter melhores durante o expediente.

f) Fazer lista diária

O *TO DO* (o que fazer?) é um recurso super útil e fácil de fazer. Diariamente relacione, no final do expediente, todas as atividades que pretende ou precisa realizar no dia seguinte. Vá para casa e descanse, aproveitando cada minuto do seu tempo livre. No dia seguinte, antes de começar a trabalhar, divida a sua lista em dois períodos, considerando o tempo necessário e a importância. O que pode e deve ser feito pela manhã e à tarde. Procure priorizar a sua divisão, considerando os recursos disponíveis para a realização da tarefa, ou seja, quanto tempo eu preciso para realizar essa tarefa. Reúna todas as informações necessárias, equipamentos e verifique a disponibilidade das pessoas envolvidas. Comece e termine uma ação, antes de passar para a próxima. E perceba que não adianta lotar os períodos da manhã e tarde, porque você não consegue contemplar uma lista enorme de tarefas em oito a dez horas de trabalho. Mas se conseguir realizar as duas ou três tarefas importantes agendadas para a parte da manhã, e outras duas ou três importantes à tarde, com certeza estará mais tranquilo e com a certeza que cumpriu o que era prioritário. Esse hábito simples será de grande valia para evitar preocupações em seus valiosos horários livres. Você pode utilizar um caderno, o computador, *tablet* ou celular, modelos avançados de tecnologia ou não. O importante é relacionar as tarefas em um mesmo lugar todos os dias.

O *TO DO* é para ser feito diariamente, não somente de vez em quando. Lembre-se que o *TO DO* é para estar escrito em algum local e não somente na sua mente.

g) Reuniões objetivas

Como já foi mencionado, reunião é um recurso que deveria ser uma oportunidade para otimizar o uso do tempo, uniformizar a disseminação de conhecimento, informar e coletar opiniões para decisão futura. Mas, com raras exceções, acontece exatamente o contrário.

Para que a reunião se torne produtiva, é preciso que o objetivo do encontro seja atingido. O tempo seja administrado, os participantes estejam envolvidos e comprometidos e o coordenador preparado. Ao final, o coordenador precisa ter a certeza de que todos entenderam o seu papel na implementação do que foi deliberado. Fácil? Se você já participou de uma única reunião, saberá que nem sempre é o que acontece. É muito comum encontrar pessoas que estão fisicamente presentes, mas ausentes mentalmente, fazendo outras coisas durante a reunião. Isso gera perda de tempo em grupo e nenhuma eficácia.

h) Educação corporativa

Eu chamo de educação corporativa algo que pode ser óbvio para muitos e nem tão óbvio para outros:

Pontualidade é questão de educação e respeito ao seu próprio tempo e do outro. Utilizar o celular, a menos que seja um caso de vida ou morte, durante uma reunião ou almoço é falta de respeito para com o convidado ou anfitrião.

Interromper quem está falando e cortar o que está sendo dito, sem uma excelente razão, é falta de polidez. No caso de uma reunião, você pode propor regras claras de interrupção para quem sair do objetivo ou se estender demais em suas abordagens. Convém, antes de iniciar a reunião, pedir anuência de todos para aplicação das regras quando necessário. Se for combinado no início, ninguém se oporá, pois você estará apenas cumprindo o combinado.

Convidar alguém para ir a sua sala e depois ficar ao telefone é inaceitável. Não importa o quanto uma ligação seja importante, se não diz respeito ao convidado talvez seja melhor se desculpar, liberá-lo e deixar a conversa para outro momento.

Interromper ou se deixar interromper quando alguém já estiver conversando e permitir que a interrupção se alongue, como se isso fosse natural.

Chamar o colaborador em sua sala para falar algo não urgente ou pedir várias coisas deixando-o confuso sem saber ao certo o que fazer primeiro é inaceitável. Quem age dessa forma está se deixando levar pela ansiedade e senso interno de urgência que merece ser melhor investigado.

Na educação corporativa, penso que não podemos deixar de abordar a questão de se portar à mesa com naturalidade e tranquilidade para utilizar talheres, copos e se alimentar com moderação e educação. Pequenos detalhes fazem muita diferença quando estamos numa refeição com clientes, colegas de trabalho e outros.

Devo mencionar novamente a questão do telefone e dos áudios que hoje virou moda. Primeiro, tenha certeza de que o receptor aceita ouvi-los e, se for inevitável, seja breve. Quando receber, mesmo que não aprecie, procure ouvir ou ler com atenção a mensagem e responda de modo objetivo e educado.

Ao cumprimentar uma autoridade ou cliente de pouca intimidade, espere que ele tome a iniciativa de estender a mão para o cumprimento, dessa forma você evita o constrangimento se a pessoa não corresponder ao seu cumprimento.

Penso que é desnecessário falar sobre a ingestão de bebida alcoólica. Se você é do tipo que tem mais dificuldade para se controlar, sugiro que fique na água com gás. E, com isso, talvez não perca a pose – e quem sabe, junto, a compostura ou uma oportunidade.

O *dress code* (código de vestimenta) também deveria fazer parte da educação corporativa. E mesmo que você seja uma pessoa pouco convencional, precisa saber se apresentar sem destoar do ambiente. Ao respeitar o tipo de evento, a cultura e o estilo do local, você será bem-vindo em qualquer lugar. Isso vale para a situação oposta: empresa ou cliente super informal – ou circunstâncias que sugerem informalidade – não convém aparecer de terno e gravata; ou no caso, as mulheres, de salto fino e saia justa para visitar uma fazenda.

CAPÍTULO

V

TRABALHO E GESTÃO DO TEMPO

"Não somente precisamos pensar sobre o que estamos fazendo, nós também precisamos pensar sobre o porquê."
Tim Gallwey

O seu trabalho pode ser uma fonte de prazer ou de estresse, dependendo da relevância que você atribui a ele.
Sem um objetivo claro, você flutua tal qual um barco à deriva!
Denise Lovisaro

1 O QUE É CRENÇA?

Crença é tudo aquilo em que você e eu acreditamos. E é importante frisar que esse tipo de crença, ao qual nos referimos frequentemente aqui, não tem nada a ver com crença religiosa.

Nosso sistema de crenças começa a se formar na tenra idade, e de acordo com a criação recebida (como acontece com o *Self 1*) esse sistema pode ser mais restrito ou mais expansivo. Nesse sistema, que é individual, estão as crenças limitantes e as crenças de expansão, sendo que nenhuma delas é racional, todas são emocionais. O que diferencia o sistema de crenças do *Self 1* é que ele é formado somente pelas crenças limitantes, enquanto o sistema de crenças também engloba as crenças de expansão (possibilidades), conectadas com o *Self 2*.

Entre as informações que recebemos de nossos ambientes desde o nascimento, muitas nos conduzem para uma atitude tímida perante a vida. Outras nos inspiram e estimulam a ir além em nossos objetivos.

Ou seja, numa ponta, temos Viktor Frankl, que conseguiu sonhar mesmo vivendo os horrores do campo de concentração, porque se conectava às crenças de expansão e, consequentemente, à influência do *Self 2*. Na outra, temos a secretária-executiva Beth, que acreditava ter de acompanhar o seu gestor enquanto ele estivesse trabalhando. Essa era uma crença limitante dela, e, como o *Self 1* era seu velho e bom companheiro, tratava-se de uma dupla perfeita para limitar as possibilidades e tornar a obrigação de acompanhar o chefe além do expediente algo inevitável. Beth era competente e não precisava agradar ao chefe para se manter na posição, sua competência como secretária era mais do que suficiente para conservá-la no cargo em qualquer outra empresa. No entanto, as crenças limitantes não lhe permitiam perceber isso. E só se deu conta quando o chefe lhe mostrou que teria aceitado limites de horário, se ela os tivesse colocado. Embora Beth nunca tenha conhecido nada sobre *Self 1* e *Self 2*, ela percebeu depois desse evento que poderia ser mais livre para expressar seus anseios e se posicionar em qualquer circunstância, tendo clareza de suas responsabilidades. Ela se libertou de algumas crenças limitantes ligadas ao trabalho.

Cabe a cada um de nós avaliar como anda o nosso sistema de crenças e para que lado ele pende mais.

Importante você saber que, mesmo quando o resultado não é satisfatório, algo dentro de nós (o *Self 1*) se alegra quando a crença se confirma e o pior acontece. E o *Self 1* se apressa em dizer na sua cabeça: — *Eu não avisei? Eu sabia que isso não daria certo.*

Imagine alguém que tem a seguinte crença: "Se você quiser perder um amigo, empreste-lhe dinheiro". O que você acha que em geral acontece com essa pessoa? Ela empresta o dinheiro, o amigo não devolve, e ela se considera vítima de sua própria bondade e confirma a crença de que não deve emprestar dinheiro para os amigos. Meu pai sempre me dizia: "*Se você puder ajudar alguém, não se negue a emprestar seu dinheiro, mas não fique esperando que ele volte; aí, quando ele voltar, você ficará feliz*". É possível perceber a enorme diferença entre essas duas crenças? Inclusive, porque a segunda pressupõe que o dinheiro vai voltar.

Alguns exemplos de crenças limitantes sobre gestão do tempo, que é o nosso foco neste livro, estão descritos a seguir. A lista é muito maior e você poderá completar com suas próprias crenças limitantes, sempre com o objetivo de trocar uma crença limitante por outra que funcione como antídoto. Ao deliberar trocar uma crença limitante por outra de expansão, você cria possibilidades onde antes havia limite. Afinal, se ambas são criadas por nós e são emocionais, podemos decidir quais crenças queremos ter no nosso sistema de crenças. Partindo do pressuposto que: para mim, apenas o melhor! Posso criar um sistema de crença repleto DE crenças de expansão (possibilidades) e restringir ao máximo as crenças limitantes.

Exemplo de crenças limitantes:

a) Eu *sempre* acho que organizar é perda de tempo.
b) Eu procrastino e depois *fico me cobrando*.
c) Trabalhar é um *mal necessário*.
d) Eu *tenho receio* de avisar que o pedido do cliente vai atrasar.
e) Os desafios no trabalho *nunca são recompensados*.
f) Reunião é uma excelente *forma de perder tempo em conjunto*.
g) Eu *sempre recebo* informações incompletas ou incorretas.
h) *Sem esforço* e dedicação ninguém chega a lugar algum.
i) Eu *não consigo* dizer *não*, principalmente para o meu chefe.
j) Os *bajuladores são os mais bem-sucedidos* nas empresas.
k) Nesta empresa, *querer priorizar é sonho impossível*.
l) ...
m) ...
n) ...

A boa notícia é que todos podemos colocar a nossa atenção nas crenças de expansão e aumentar as possibilidades que parecem surgir magicamente. Quando a nossa atenção se volta para o que desejamos, enxergamos o que antes não víamos. Aqui, vamos fazer uma lista pautada pelo *Self 2*. Inclua as suas crenças de expansão (possibilidades) se desejar.

a) Eu sou uma ***pessoa de sorte***.

b) As informações ***sempre acabam*** vindo a minha mão.

c) Eu ***sou bom negociador*** e ***sempre consigo*** bons acordos.

d) Eu *gosto de desafios*; e, ***ainda mais de superá-los***.

e) Eu ***enxergo oportunidades*** de longe, e sempre dá certo.

f) Eu ***estou sempre aprendendo***, mesmo quando erro.

g) Se uma ***porta se fecha***, outra porta ou janela irá se abrir.

h) O meu ***tempo rende***. Eu ***não perco tempo*** e respeito o do outro.

i) Eu tenho ***facilidade para planejar*** e cumprir o que planejo.

j) Eu ***sempre sou reconhecido*** pelo meu trabalho.

k) ...

l) ...

m) ...

Nenhuma crença é lógica, todas são emocionais, e você não nasceu com elas gravadas em seu DNA. Muitas foram herdadas de seus parentes e outras pessoas que influenciaram a sua formação. Outras, você adquiriu ao longo de sua vida com suas experiências. Mas todas as crenças, sejam limitantes ou de expansão, funcionam como profecias e, por isso, quando se realizam – mesmo se o resultado não for bom – existe a confirmação interna que estávamos certos.

Claro que há momentos difíceis, como doenças ou falências, que podem gerar crenças negativas. Mas pense em Mandela, Viktor Frankl e tantos outros que conseguiram aguentar as piores humilhações e penúrias, se sustentando somente nas crenças positivas que possuíam, apoiados pelo *Self 2*. Para Frankl, esse foi o seu único recurso disponível para sair do campo de concentração, e seu livro não só relata a sua situação, mas a de muitos outros companheiros que também saíram porque acreditaram que seria possível sair vivo daquele inferno.

A forma como conduzimos a nossa vida é uma excelente fonte de informação sobre o nosso sistema de crença predominante. Se você se considera capaz de vencer os desafios, terá mais facilidade para superá-los, e se acredita que sempre aparece uma boa pessoa para ajudá-lo, isso acontecerá. E, claro, o contrário também é verdadeiro.

Se você quiser saber mais sobre crenças, procure ler artigos e livros ou mesmo ouvir palestras que tratam do tema. Vale o investimento de tempo. E, principalmente, acreditar que se aprendemos a adotar uma crença que não está nos ajudando, podemos desaprender e aprender outra melhor para nós. Você está no comando, sempre, inclusive administrando a qualidade dos seus pensamentos.

2 O PODER DE UMA CRENÇA

Minha filha sempre se considerou uma pessoa de sorte, embora trabalhe muito para conseguir o que deseja. Recentemente, estava contratando duas novas funcionárias e ficou muito decepcionada, porque ambas acabaram desistindo quando os acordos de trabalho estavam praticamente fechados. Conversando sobre isso na época, concordamos que, em vez de lastimar, seria melhor pensar que pode ter sido melhor a desistência das candidatas antes de começarem do que depois de contratadas e treinadas. Ela concordou. Nem um mês depois, ocorreu a inesperada situação do coronavírus, e minha filha comentou que realmente se sentia uma pessoa de sorte: "Como eu iria me sentir se tivesse que me responsabilizar por mais dois funcionários contratados?". Percebam que a crença "eu sou uma pessoa de sorte" abre possibilidades para a pessoa lidar com as situações difíceis, sem se lastimar ou se revoltar. Essa crença não evita os aborrecimentos, mas ajuda na hora de lidar com eles.

O entendimento dos acontecimentos, sob a óptica de nossas crenças, nos permite viver de modo mais proativo ou mais reativo.

Eu atendi um cliente, profissional muito competente, vamos chamá-lo aqui de Pedro. Ele foi indicado para uma vaga de diretoria e sabia que reunia condições para isso. A direção confiava muito nele, os subordinados também, e o único que tinha dúvidas era ele mesmo. Chegou a me dizer que, por vezes, se sentia uma fraude e tinha medo de ser descoberto e desmascarado.

Trabalhamos intensamente sobre o sistema de crenças limitantes de Pedro e a influência da voz constante do *Self 1*, que martelava a ideia de que, se não desse certo, ele perderia todo o prestígio e a consideração conseguidos até então. Essa constante preocupação em não falhar estava se tornando um problema tão sério que, além de afetar a sua *performance*, ele vivia nervoso e sem paciência com os gerentes, principalmente, se eles cometessem algum erro. Pedro era um sério candidato para adoecer. E foi assim que chegou para mim, encaminhado pelo RH que reconhecia o seu potencial.

Durante o processo de *coaching*, ele me disse que, no seu caso, não era um caminhão de crenças limitantes, e sim um trem cheinho delas, que ao longo do processo ele mandou para bem longe. Interessante metáfora. Felizmente, e considerando que sempre fora competente e muito capaz no que fazia, ele foi recuperando a confiança em si mesmo, reconhecendo o seu valor e aprendeu a colocar a sua atenção no que ele queria de fato e não no medo que as crenças limitantes provocavam. Calou a boca do *Self 1*. Pedro hoje ocupa a vice-presidência da sua área de negócios e está muito feliz, mas precisa estar atento para não cair nas armadilhas do *Self 1*, que está sempre pronto para assumir o comando.

3 TRABALHO E GESTÃO DO TEMPO. COMO ANDA ESSA DUPLA?

E agora que estamos em tempo de construir uma nova realidade, vamos pensar em como você se relaciona com o seu trabalho. Há diversas maneiras e não existe a mais certa, mas todas as formas trazem consequências, e se algumas são muito boas, outras nem tanto.

Qual a definição de trabalho? No dicionário, há versões que podem estar mais próximas ou mais distantes daquela que cada um adota para si mesmo. Para alguns, o trabalho pode ser uma forma ao mesmo tempo motivadora e desafiadora de expressar os seus talentos e habilidades. É o caso de pessoas que amam o que fazem: trabalho e diversão são a mesma coisa. Isso não significa que elas não sejam desafiadas e que, por vezes, não fiquem aborrecidas, frustradas e inseguras. Mas tudo isso é superado e, num piscar de olhos, estão novamente entretidas com aquilo que realizam. Em um espetáculo no Circo da China, por exemplo, é possível constatar isso a cada quadro. Os espectadores são surpreendidos: aqueles profissionais com certeza se superam a cada apresentação, fazendo-nos crer que o céu não é o limite. As crianças começam a aprender a arte circense a partir dos seis anos: durante meio período estudam, e meio período treinam. Zhang, um menino de onze anos, caçula da turma, diz que não trocaria a vida do circo por uma infância dita normal. Zhang gosta de assistir a desenhos animados, mas o que ama é ser o próprio desenho vivo da arte e da superação.

Mas não se preocupem: não é preciso ser um acrobata chinês para ser feliz no trabalho. Muitas pessoas se orgulham do que fazem e passam bons momentos produzindo, aprendendo, enfrentando obstáculos, superando desafios, inovando e aperfeiçoando aquilo que realizam. Por outro lado, há quem acredite que o trabalho é apenas uma forma de garantir o sustento de mais um mês de vida e a única motivação é saber que a sexta-feira chegará em breve e que o final de semana dura dois dias inteiros. Vocês se lembram da Sylvia, no primeiro capítulo, que trabalhava como assistente administrativa em uma grande empresa multinacional e aspirava a ser *chef* do próprio restaurante? Enquanto ela não enxergou o seu trabalho como um recurso para chegar aonde desejava, não conseguiu harmonizar-se com ele e se sentia como um dependente químico que não consegue livrar-se da droga, apesar de reconhecer o mal que ela faz. A simples mudança de perspectiva (foco) e a definição de metas claras para migrar de uma situação A (atual) para B (desejada) de forma mais segura, trouxeram o alívio necessário para ela trabalhar satisfeita e recuperar não só o desejo, mas a confiança de que seria capaz de ter o próprio restaurante. São várias as maneiras de se lidar com o trabalho. Cada um tem a sua e todos podemos melhorar o que não estiver bom, se desejarmos. Trabalhar para uma empresa e nos orgulharmos, tanto do nosso trabalho quanto da empresa, faz muita diferença, não por ser uma grife, mas principalmente, porque enxergamos um propósito que vai além do pacote de benefícios, salário, prêmios e bônus.

Na visão do *The Inner Game®*, a separação entre trabalho e vida não existe. Existe apenas a vida, e quando a atividade, qualquer que seja ela, engloba o PLE – *performance* (desempenho), *Learning* (aprendizado) e *Enjoy* (satisfação) – o resultado é sempre mais satisfatório. No exemplo do bom gestor do tempo, ele consegue essa tríade. E no caso de Sylvia, a analista administrativa, sua satisfação estava em um nível demasiadamente baixo. Quando passou a ver o trabalho como um meio para alcançar os seus objetivos, e entendeu que tinha de valorizar o seu tempo ali para um propósito maior, tudo mudou de figura. Ela passou a VIVER durante sua atividade profissional, em vez de apenas SOBREVIVER. E essa mudança de perspectiva tornou a sua *performance* no trabalho mais eficaz. Ela se sentia satisfeita e motivada para realizar o seu trabalho, otimizar o tempo e chegar em casa no final do dia disposta para aprender mais sobre gastronomia e colocar em prática as receitas que gostava de preparar. Se o salário, no final do mês, for a única recompensa, a alegria acaba rápido quando o salário não é suficiente ou o preço que se paga para recebê-lo for muito desafiador. Nós podemos melhorar a nossa *performance*, bem como podemos aprender, mesmo quando aquilo que fazemos já é algo conhecido e sabido. Esse movimento é como se fosse um *game* e o ganho está em sentir satisfação com o aprendizado. E este tornar a *performance* cada vez mais fluida e gratificante.

Eu experimento PLE – *performance* (desempenho) = *learning* (aprendizado) + *enjoy* (diversão) – todos os dias, e mesmo tendo bastante experiência e muitos anos de prática continuo sentindo um prazer enorme em aprender mais sobre o meu trabalho. E não só sobre ele, mas sobre coisas novas e desafiadoras. Durante a pandemia, em 2020, aprendi a fazer bolo, coisa totalmente nova para mim. Eu adquiri o hábito de fazer caminhada diariamente; e se para muitos isso é algo normal e corriqueiro, para mim foi uma vitória.

4 O TRIÂNGULO DO TRABALHO

As reflexões sugeridas até aqui foram um estímulo para que cada um descubra em si mesmo suas reais motivações, bem como sua visão do trabalho como um todo. Agora, é hora de enriquecer esse caminho, trazendo mais elementos e descobrindo novos paradigmas que envolvem a atividade profissional. Afinal, é no trabalho que a maioria das pessoas investe grande parte do seu dia, o que é fundamental para a gestão do tempo.

5 COMO FUNCIONA O PLE NA PRÁTICA

O método *The Inner Game*® esquematiza os componentes do trabalho por meio de uma figura geométrica que contém uma palavra em cada vértice: desempenho no topo, aprendizagem à esquerda de quem olha o triângulo de frente, e satisfação (com sentido de prazer) à direita. São conceitos interdependentes e, quando estão em equilíbrio, formam **um triângulo perfeito**. Quando um está reduzido, afeta o comportamento dos outros dois, o que muda o equilíbrio da figura. É o que costumamos ver no dia a dia, especialmente no que se refere à satisfação e ao aprendizado que, seguindo a nossa cultura, são minimizados em favor do desempenho.

Triângulo PLE (inglês) ou DAD (português)

PERFORMANCE / DESEMPENHO

PLE

LEARNING /APRENDIZAGEM   ENJOY/ DIVERSÃO

THE INNER GAME®

A nossa *performance* se ilumina e fica mais potente quando percebemos que além de aprender estamos experimentando uma sensação de leveza e satisfação naquilo que fazemos, produzimos e realizamos. E quando o aprendizado ou a satisfação diminuem, a *performance* é afetada sem nem ao menos nos darmos conta. Lembro-me do John, para ilustrar o que acabo de dizer. Considerado um *expert* em sua área de atuação, reconhecido pela excelência de suas entregas, John sempre se mostrou uma pessoa mais reservada quanto à vida pessoal. Era muito educado, dava-se bem com todos na empresa e construiu uma carreira brilhante, destacando-se em sua área de atuação, tanto dentro quanto fora da companhia. Em determinado momento, sem uma explicação aparente, ele mudou e ninguém na empresa conseguiu entender o que se passou com ele. Se antes era uma pessoa reservada, tornou-se uma pessoa ranzinza, independente e distante dos colaboradores, pares e superiores. Durante as reuniões do *board*, falava somente o necessário e não se mostrava interessado em nada do que era discutido, proposto, avaliado. As duas pernas do triângulo foram afetadas (aprendizagem e satisfação) e a sua *performance* sofreu as consequências. Nada parecia motivá-lo, ou despertar o seu interesse. Durante as reuniões, era como se estivesse em outra dimensão. Sua presença era totalmente inócua e isso começou a incomodar a direção, especialmente os seus liderados que se sentiam à deriva. Em casa, começou a ter dificuldade para levantar e sair para trabalhar. Sua desmotivação era aparente, mas ele não queria conversar sobre seu comportamento com a esposa e nem com ninguém. Pela força das circunstâncias, acabou cedendo e foi procurar ajuda profissional. Descobriu que estava prestes a atingir o pico da síndrome de *burnout* e ficou chocado com a revelação, pois se considerava imunizado para questões mentais e emocionais. Por recomendação médica, precisou se afastar do trabalho para se cuidar, inclusive delegando o projeto especial que então coordenava. E descobriu que ninguém, nem mesmo ele, estava livre de adoecer, porque era um ser humano. O tratamento, que durou algum tempo, foi bem-sucedido, especialmente porque ele levou a sério as recomendações dos médicos e terapeutas. Passou a praticar esportes, cuidar da alimentação e da saúde física, mental e espiritual. Eu fiquei sabendo de sua história quando um dia nos encontramos num evento profissional e ele, já recuperado, resolveu desabafar. E me contou que no início não se deu conta da preocupação excessiva com os problemas do dia a dia e que tudo passou a ter um peso e um sofrimento que nunca havia experimentado. Ele que sempre fora considerado um engenheiro acima da média em sua área de atuação, que se orgulhava disso e do time de especialistas que compunham sua equipe, foi perdendo a confiança em si e nos outros à sua volta. Infelizmente, precisou pagar um alto preço para aprender a respeitar os relógios pessoal e profissional de modo a buscar mais equilíbrio entre o trabalho e o descanso. O resultado foi que ele mudou da água para o vinho. Não só recuperou a alta *performance* no trabalho, sua grande fonte de motivação, como emagreceu e começou a praticar corrida com ajuda de um *personal*. Ele me disse que se sentia bem e esse estado melhorou o convívio com a esposa e os filhos. John aprendeu novos hábitos, adotou um estilo de vida saudável; e isso lhe trouxe satisfação e a *performance* (desempenho) voltou a fluir naturalmente. Esse exemplo real, e impactante, ilustra a importância de mantermos o triângulo em equilíbrio. O caso de John também nos dá um recado sobre subestimarmos os males a que todos estamos sujeitos, se não ficarmos atentos aos sinais de desequilíbrio e aos *feedbacks*. O quadro de exaustão se deu porque ele descuidou de si, o que afetou a sua capacidade de continuar aprendendo e sentir prazer em superar os desafios que o trabalho oferece.

A sua *performance* (desempenho) é a consequência da sua capacidade de continuar aprendendo e se divertindo, com qualquer coisa que estiver fazendo na vida. Quanto mais livre de autocobranças e medos, melhor será o seu desempenho. E você pode tirar nota dez todos os dias, se aquilo que estiver fazendo for o melhor que você pode fazer naquele momento. Amanhã poderá melhorar ainda mais e continuar tirando dez. Se você quer ser valorizado pelos outros e receber reconhecimento por sua atuação, seja o primeiro a valorizar o que você faz.

Você já se perguntou o que é trabalho para você?

Nossas definições certamente são construções mentais, também criadas por diversas lentes internas, por meio das quais vemos a realidade.

Você já parou para pensar sobre o que significa o TRABALHO para você? Cada um de nós tem sua própria definição sobre trabalho, baseada na forma como lidamos com ele. Responda sim ou não no jogo rápido para entender melhor a sua própria definição de trabalho.

Jogo rápido – responda SIM ou NÃO sem pensar muito a respeito:	S	N
Trabalho significa desafio positivo e algo bom.		
Trabalho, em geral, significa sacrifício e exploração.		
O seu trabalho é uma contribuição para o mundo?		

O trabalho para você é fonte de satisfação?		
Você escolheu fazer o que faz hoje?		
Se lhe fosse dado o poder de escolher, você faria algo diferente?		
Você se sente reconhecido profissionalmente pelo seu trabalho?		
O seu trabalho está alinhado aos seus valores?		
Você se considera um excelente profissional na sua área de atuação?		
Você precisa renunciar a objetivos pessoais pelo seu trabalho?		
Você se sente vítima do sistema? (empresa/gestores/pares/colegas e subordinados)		
Você faz o que faz somente para manter o *status quo* adquirido?		
O seu trabalho traz reconhecimento financeiro?		
Você tem um propósito claro e relevante no seu trabalho?		

E então? Como foram as respostas? Importante dizer que não existe um gabarito que indique o que está certo ou errado. O questionário serve como termômetro para cada um concluir se está alinhado ou não com a sua visão de trabalho, e tudo vai depender do SIM ou NÃO que respondeu. Algumas pessoas são como o pequeno Zhang, que não troca o seu trabalho no circo por uma vida comum, outras não pensariam duas vezes se pudessem mudar. O mais importante são as suas próprias percepções.

Vamos lembrar de Beth, nossa secretária-executiva, do segundo capítulo. Ela gostava do que fazia, tinha competência e habilidade para exercer a função, sentia-se reconhecida pelos superiores e colegas, mas sempre acreditou que, se se posicionasse contra uma solicitação do chefe, poderia provocar desaprovação e ser vista como pouco colaborativa. Embora isso fosse pouco provável, ela até mesmo receava perder o emprego, apesar da clareza que sempre teve sobre a qualidade de sua atuação. Portanto, naquela ocasião, sujeitar-se a cumprir uma carga de horário imprevisível era o certo a ser feito. Para Beth, o trabalho tinha a conotação de esforço contínuo: "missão dada, missão cumprida". A obediência relacionava-se a uma constante necessidade de agradar ao outro, mais do que a si mesma.

Acreditava que, se quisesse ter sucesso como secretária-executiva, deveria agir assim e ficou surpresa quando seu chefe acabou sendo um professor: mostrou que aquele comportamento não era uma verdade absoluta. Ele não só aceitava o limite, como estava preocupado em não desapontar a nova secretária. Uma total inversão dos valores que habitavam a sua cabeça. Quem, afinal, a fez acreditar que deveria agir de forma tão submissa? Apesar de ter entendido que poderia se comportar de modo diferente, ainda não conseguia compreender como fazer uma mudança tão significativa na sua forma de pensar, sentir e agir.

Quando as crenças limitantes insistem em nos comandar, dizendo o que é certo ou errado fazer, é difícil, porque muitas vezes não encontramos força para nos movermos e simplesmente aceitamos o comando como uma ordem irrevogável, ou uma verdade absoluta. Sentimo-nos pressionados para acertar e fazer o melhor e, quando não conseguimos, nos sentimos culpados, frustrados e incompetentes.

Dependendo do que se acredita sobre o conceito do trabalho, as crenças limitantes recebem alimento extra e se fortalecem. Muitas pessoas creem que trabalho não pode ser divertido, leve e tranquilo. Outras acreditam que demonstração de sentimento e emoção não cabe no ambiente profissional, como se ele precisasse ser constituído por robôs. Há ainda quem se sinta vítima de chefes e colegas tóxicos, mas não consegue mudar de emprego ou tomar uma ação para reverter a situação; ou quem passa a vida trabalhando com o que não gosta, porque acha que será impossível mudar de emprego ou de função. Quem está limitando essas pessoas, afinal?

Se você concorda que: *"um passarinho na mão é melhor do que dois ou três voando"*, ou *"continue onde está, porque se sair desta empresa poderá não encontrar nada melhor"* ou *"se você acha ruim com este chefe, pode ser pior sem ele"*. Esses ditos populares amedrontam e reduzem as possibilidades de quem os respeita como verdades.

Por outro lado, há pessoas corajosas que lidam com o ambiente de trabalho de forma otimista e estão sempre em busca de novos desafios. Querem ser reconhecidas pelo seu desempenho, solicitam *feedback*, e se a coisa não anda em uma empresa, procuram oportunidade em outras que valorizem o seu potencial. Suas carreiras parecem deslanchar com facilidade, e muitos os definem como sortudos. Na verdade, estamos falando de profissionais que são competentes e trazem resultados para a empresa, enfrentam desafios, e que também podem ficar apreensivos na hora de tomar decisões difíceis, mas vão seguindo em frente e vencendo os próprios medos. O que queremos destacar é a forma como essas pessoas lidam com o trabalho. No caso delas, acordar de manhã para as atividades diárias não é um peso, uma prisão, mas uma forma de agregar satisfação, receber reconhecimento e sentir prazer pela sua atuação. Caso nada disso aconteça com você, tudo bem, o mundo está cheio de boas oportunidades, e você pode ir ao encontro delas.

Você se lembra da CFO, diretora financeira, que, após 16 anos bem-sucedidos na empresa, encontrou coragem para ir em busca de outra oportunidade para se livrar do gestor tóxico e recuperar, em outra empresa, a satisfação e a segurança que havia perdido? Ela sempre gostou do seu trabalho e queria voltar a sentir prazer de ir para o trabalho.

E aqui valem alguns questionamentos: como suas crenças sobre trabalho, vida, sucesso, casamento, riqueza e tantas outras foram construídas? Quais foram as situações da sua vida e quais *inputs* você recebeu que contribuíram para tornar a sua visão mais tímida e reduzida ou ampliada e confiante? Como você gostaria de se sentir em relação ao trabalho? Se você pudesse escolher um trabalho, o que gostaria de fazer? Se você pudesse, preferiria nunca trabalhar? E o que você mais gostaria de fazer se não precisasse trabalhar?

Não existem respostas certas ou erradas, e tudo bem se você descobrir que não gosta de trabalhar. Mas se não tiver uma renda que lhe permita viver no *dolce far niente*, terá que escolher algo para ganhar o sustento. E se estiver alinhado com seus talentos e valores, poderá vir a gostar do que faz.

É comum ouvir:

"Trabalhar é suar a camisa."

"Trabalhar é ter que matar um leão por dia."

"Nenhum trabalho de qualidade pode ser feito sem concentração e autossacrifício, esforço e dúvida."
(Max Beerbohm)

Essas frases se justificam quando entendemos a origem da palavra trabalho. Segundo o Dicionário etimológico Nova Fronteira da língua portuguesa, a origem da palavra trabalho vem do latim *tripalium*, termo formado pela junção dos elementos *tri*, que significa "três", e *palium*, que quer dizer "madeira". *Tripalium* era o nome de um instrumento de tortura, constituído de três estacas de madeira bastante afiadas, comum em tempos remotos na região europeia. Desse modo, originalmente, "trabalhar" significava "ser torturado". No sentido original, os escravos e os pobres que não podiam pagar os impostos eram os que sofriam as torturas no *tripalium*. Assim, quem "trabalhava", naquele tempo, eram as pessoas destituídas de posses. A ideia de trabalhar como ser torturado, passou a dar entendimento não só ao fato de tortura em si, mas também, por extensão, às atividades físicas produtivas, realizadas pelos trabalhadores em geral: camponeses, artesãos, agricultores, pedreiros etc. A partir do latim, o termo passou para o francês *travailler*, que significa "sentir dor" ou "sofrer". Com o passar do tempo, o sentido da palavra passou a significar "fazer uma atividade exaustiva" ou "fazer uma atividade difícil, dura".

E essa ideia foi se modificando, mas a associação de trabalho a sacrifício e injustiça permanece ainda hoje para muitas pessoas; e justifica a sensação ruim, especialmente para quem trabalha duro e ganha pouco.

Eu sugiro que você redefina a palavra trabalho de modo a tornar essa atividade mais prazerosa e relevante. E essa será a sua definição, livre de influências de outros.

Pare e pense no significado da palavra trabalho para você. Ela em geral vem carregada de informações que você ouviu de parentes, professores e pessoas importantes na sua formação. Mas agora é chegada a hora de você definir o que é trabalho para você, a partir da sua própria experiência e vivência. E lembre-se que essa definição pode mudar para melhor, se você desejar se sentir feliz com o trabalho que realiza ou que pretende realizar. Você tem o poder de decidir.

Trabalho é...

CAPÍTULO VI

CADA UM TEM UM JEITO PRÓPRIO DE LIDAR COM O TEMPO

E você? Sabe qual é o seu?
Você tem clareza de como prefere lidar com o seu tempo? Embora todos dispomos da mesma quantidade de horas, num único dia existe muita diferença entre os resultados que as pessoas alcançam no mesmo período. E o que será que faz a diferença?
Denise Lovisaro

"Para viver no mundo de hoje, precisamos aceitar o desafio de estar em um grande seminário, o maior do planeta, em que a cada minuto há um novo painel, uma nova palestra, conduzidos por milhares de professores. Esse seminário é a sua vida, e para fazer a inscrição basta reunir humildade, curiosidade e o interesse de ser um eterno estudante."
Tim Gallwey

1 O TEMPO E A INFORMAÇÃO

A quantidade de informação cresce de forma exponencial. Vivemos uma verdadeira revolução digital e, com isso, a relação com o tempo está obrigatoriamente se transformando também. Até bem pouco tempo, alguém que não dominasse a tecnologia conseguia trabalhar e viver com essa falta de competência. Hoje isso tornou-se praticamente impossível e a cada dia a tecnologia muda, inventa, cria e recria condições que nos obrigam a sair da zona de conforto para sobreviver, utilizar os serviços públicos, bancos e, principalmente, trabalhar. O crescimento constante e o aprendizado de novas habilidades para se manter produtivo tornou-se imprescindível. Não é muito difícil entendermos isso, se avaliarmos a evolução dos aparelhos eletrônicos e as novas tecnologias digitais que se multiplicam de forma avassaladora. Eu gosto da metáfora que o Tim Gallwey utiliza no seu livro *The Inner Game of Work* que, para viver no mundo de hoje, precisamos aceitar o desafio de estar em um grande seminário, o maior do planeta, em que a cada minuto há um novo painel, uma nova palestra, conduzidos por milhares de professores. Esse seminário é a sua vida, e para fazer a inscrição basta reunir humildade, curiosidade e o interesse de ser um eterno estudante. Se pensarmos nessa analogia, tanto na vida quanto no ambiente do trabalho, tudo fica mais leve, mais interessante, pois mesmo as situações estressantes passam a ser apenas oportunidades de aprendizado.

Eu costumo dizer que tudo que resiste persiste; portanto, quando ficamos aborrecidos porque algo não saiu conforme o planejado, se o foco persistir no fracasso, o desapontamento cresce e nos impede de perceber que também existem possibilidades e oportunidades bem a nossa frente. No caso da minha filha, quando duas candidatas praticamente contratadas para trabalhar com ela desistiram; e pouco tempo depois veio a pandemia. Imagine como teria sido difícil administrar duas novas funcionárias e as incertezas de faturamento durante a pandemia, foi o que ela me disse. E o que foi uma decepção a princípio, se tornou uma vantagem pouco tempo depois. Ela ganhou mais do que perdeu, e que bom que não ficou se lastimando porque *"A energia flui para onde vai a atenção".* Ela aprendeu muito com essa situação.

Para aprender algo novo é preciso
se desapegar e abrir espaço na mente
e no coração para deixar o novo entrar.

Se você quer aprender algo – uma nova competência, adquirir conhecimento, técnica, uma habilidade, adotar um comportamento, hábito, atitude – será mais fácil se você se planejar e criar metas de *performance* e de aprendizado. E veja como algo, às vezes difícil de começar, fica mais fácil de alcançar.

2 TIPOS DE METAS

Meta de *performance* é o desempenho em si. A recompensa ao alcançá-la ocorre primeiro porque você conseguiu o que queria, é interna; e depois é externa, por meio do reconhecimento de uma pessoa, grupo, time, público pela nossa atuação.

No caso da meta de aprendizagem, a recompensa é interna, algo subjetivo que sentimos quando aprendemos algo. Para se alcançar e manter uma meta de *performance* existem inúmeras metas de aprendizagem acontecendo diariamente, com ou sem consciência.

No caso de gestão do tempo, podemos classificar metas de *performance* e de aprendizado considerando os exemplos a seguir:

Exemplo de metas de *performance*:
- Eu quero gerenciar melhor o tempo no trabalho e sair do escritório no horário definido.

Exemplo de metas de aprendizagem:
- Eu quero aprender a fazer o *To Do List* todos os dias.
- Eu quero aprender a colocar minhas tarefas nos quadrantes certos.
- Eu quero aprender a ***dizer não*** sem culpa.

- Eu quero aprender a manter o FOCO nas prioridades.
- Eu quero aprender a começar e terminar uma tarefa de cada vez.

Exemplo de meta de *performance*:
- Eu quero melhorar a minha capacidade de negociação.

Exemplo de metas de aprendizagem:
- Eu quero aprender a ouvir com atenção ativa o que está sendo dito com empatia.
- Eu quero aprender a entender a solicitação/objeção.
- Eu quero aprender a controlar a ansiedade de oferecer respostas rápidas e conclusivas.
- Eu quero me sentir seguro, independentemente de quem estiver a minha frente.
- Eu quero me preparar para a reunião sem a pretensão de saber tudo, ou ter todas as respostas.

Um profissional de vendas, ao bater as metas mensais, sabe que sua meta de *performance* está sendo alcançada pelos resultados acumulados. Porém, caso um cliente novo não feche a venda esperada e praticamente negociada, ele pode incluir essa experiência em suas metas de aprendizagem, procurando entender o que provocou a desistência. E não se trata de buscar um culpado ou se recriminar por não ter conseguido, e sim, aprender com os acertos e com os erros como aconteceu com o Ronaldo, vendedor experiente, que acabou aprendendo a importância de se planejar mesmo sendo experiente.

Para o desenvolvimento humano, é importante compreender que uma meta da aprendizagem pode se tornar uma forma inteligente de otimizar tempo. Se o que antes foi percebido como fracasso se tornar um aprendizado, o tempo investido ganha um propósito e amplia o repertório de opções do que funciona melhor.

Quando a noção entre tempo, tarefas e prioridades existe de forma consciente ou como uma meta de aprendizagem, fica mais fácil se automotivar para aprender ou desenvolver novos comportamentos, atitudes e hábitos em relação ao trabalho.

Em contrapartida, a inconsciência nessa questão nos coloca facilmente na posição de refém da constante pressão por resultados e redefinição de prioridades, onde tudo o que se tem para fazer passa para a categoria de urgente urgentíssimo. Lembrando que algo se torna urgente quando foi mal planejado, procrastinado, esquecido ou, em raros casos, inesperado, de fato.

Como profissionais seremos sempre avaliados pelos superiores, direção, acionistas e por nós mesmos pelos resultados que trazemos para o negócio. A boa gestão do tempo no trabalho consiste em obter os melhores resultados com autopreservação. Se você não souber lidar com imprevistos, será uma vítima fácil para os vilões do tempo que estão sempre no banco de reserva, esperando por alguém disposto a ceder aos seus caprichos e encantos.

Ao declarar uma meta de *performance*, pense em quais metas de aprendizagem você poderia desenvolver para chegar aonde deseja estar. E a boa notícia é que ao fazer o planejamento das metas de aprendizagem, para alcançar a meta de *performance*, você irá aprender e desfrutar da caminhada *step by step*, por meio de um processo contínuo de aprendizagem. Isso é motivador e você começa a mensurar as suas conquistas com mais consciência. Sem esse método, quando declaramos uma meta de *performance* queremos alcançá-la de imediato. E, assim como emagrecer exige mudança de hábitos, disciplina e tempo para garantir que o emagrecimento aconteça de modo sustentável, as metas de *performance*, também. Porque implicam em mudanças profundas que vamos aprendendo, praticando e mantendo porque os resultados são satisfatórios. Lembre-se: para caminhar uma milha, você precisa dar um passo de cada vez e não um pulo.

Agora que você já sabe definir metas de *performance* e de aprendizagem pelo nosso método, vai ficar mais interessante avaliar como você lida com o seu tempo e o que tem colhido como resultado. Se quiser mudar alguma coisa na forma atual, saberá como fazer.

Como você lida com o tempo

Entre as diversas formas de lidar com as 24 horas do dia, os sete dias da semana, os trinta dias do mês, escolhi didaticamente três maneiras que mostram como as pessoas costumam fazer suas atividades; sejam elas trabalhar, comer, dormir ou passear. Podemos gastar tempo, matar tempo ou investir tempo.

O que vai definir em qual categoria o uso do tempo está inserido é a sensação que vem após a realização de determinada atividade.

Gastar o tempo

Quando uma pessoa sente que usou um tempo maior do que o necessário para fazer algo, a sensação, em geral, é de arrependimento. Tanto que, em geral, surge o falatório em sua mente: *que droga, perdi tempo novamente, Eu sempre levo mais tempo do que imagino, Não consigo ser produtivo, mesmo. Também, com este trânsito.* Você acertou se pensou: *Self 1* em ação.

Mas se estivermos alertas, podemos aproveitar para definir algumas metas de aprendizagem e, assim, evitar a frustração.

Aqui vai um exemplo:

Suponhamos que, para evitar a sensação de que está gastando muito tempo, uma pessoa tenha a seguinte meta de *performance*: Eu posso aprender a ser mais objetivo quando estiver realizando uma tarefa. E não importa se a tarefa se refere a um projeto complexo ou ao preparo de um bolo.

O que eu quero fazer? (objetivo)

Para que eu quero fazer isso? (propósito)

O que eu preciso para fazer essa tarefa? (recursos)

Pode ser uma boa forma de aprender a sempre "ter a clareza do propósito da tarefa e organizar os recursos disponíveis, bem como os necessários". Se faltar algo imprescindível, é melhor nem começar a tarefa.

Matar o tempo

A sensação de matar o tempo é um pouco mais complicada. E ocorre quando, ao final de um dia, uma pessoa sente que tudo o que fez foi improdutivo, como ficar nas redes sociais vendo assuntos que não lhe diziam respeito diretamente. Ou que começou uma série de tarefas e não concluiu nada do que começou. Que se desviou várias vezes do que estava fazendo para não desapontar outras pessoas que a interromperam. *Que perdeu o foco e o timing*. Isso é matar o tempo. O tempo foi literalmente perdido, e a sensação costuma ser desagradável e de culpa. Aliás, um terreno fertilíssimo para a autocrítica. Mas antes de qualquer mudança, é preciso ampliar o autoconhecimento como forma de perceber nosso jeito de funcionar. Procure refletir: *eu me preparo antes de iniciar algo? Eu tenho clareza do que eu quero e para que eu quero? O que provoca a perda de foco? A minha previsão de tempo é realística?*

Buscar entender os gatilhos que conduzem à inação e começar a trabalhar sobre eles pode ser uma excelente meta de aprendizagem. Não tenha receio de buscar ajuda externa (terapeuta, *coach*, mentor, conselheiro) para ajudar na descoberta de caminhos para processar mudanças conscientes.

Investir o tempo

Apesar de discordar da frase que "Tempo é dinheiro", foi justamente com os investidores financeiros que me inspirei para entender a importância de investir o tempo na aplicação correta. E principalmente, que quanto mais diversificamos os nossos investimentos de tempo, mais oportunidades de obter a rentabilidade e a satisfação que a diversidade proporciona.

O investimento do tempo está contido na própria definição. Ao lidar com ele como um bem valioso, que pode ser investido na "aplicação" correta, já há uma sensação positiva de que virão "rendimentos". Quando você lida com o tempo como um investidor aplica o seu dinheiro, a chance de usá-lo bem aumenta. Como já foi dito anteriormente, isso não tem qualquer relação com aquela frase *"time is money"*. O tempo é algo que, ao contrário do dinheiro, não é nem recuperável, nem substituível. Recursos financeiros podem até ajudar a usufruir do tempo com mais conforto, encurtar distâncias, acelerar processos, mas eles não garantem que um momento de nossa vida seja feliz, tranquilo ou prazeroso. A forma de lidar com o tempo é que torna nossas experiências enriquecedoras. Investir bem o tempo, sem ser escravo do relógio, é um grande segredo.

É nesse sentido que a Roda do Tempo pode nos auxiliar a perceber se a nossa atual distribuição está adequada ou precisa de revisão, para que possamos nos sentir mais produtivos e satisfeitos simultaneamente.

Cada indivíduo tem um modo único e específico de lidar com seus investimentos de tempo; e quando eles funcionam muito bem para alguém, buscamos espelhar essa atitude para ver se também funciona para nós. Na linguagem empresarial, denomina-se *benchmark*; na vida comum, chama-se aprender com o outro, experimentar e adequar aquela ação à nossa realidade. Outra dica, bem conhecida, é fazer o *To Do List* – a lista diária do que desejamos realizar de importante, ou não, todos os dias. Não que seja uma garantia de sucesso, mas ao menos nos dá a direção a seguir. Sem um norte haverá mais chance de, assim como num barco à deriva, nos perdermos nos inúmeros desvios que as situações e os vilões do tempo do cotidiano oferecem. O tempo é algo precioso que merece a nossa atenção. Tempo é vida! E iremos repetir essa máxima inúmeras vezes neste livro.

Ao observar as atitudes de gastar, matar ou investir o tempo, vale refletir sobre as motivações que levam determinado indivíduo a essas escolhas. Como já vimos, é sempre útil dar um passo atrás para entender a situação como um todo. E, quem sabe, tentar revertê-la.

Por exemplo, se alguém está matando tempo, pode ser uma forma de ter um ganho imediato. Acha que está se esforçando muito e não se sente recompensado pela dedicação despendida. Não está conseguindo o que deseja, nem tem a confiança de que vai conseguir. Isso traz a desesperança e os pensamentos: *estou fora de forma para aprender a lidar com a tecnologia; Estou velho demais para mudar meu jeito de ser; Eu não devia ter parado de estudar; Eu quero emagrecer, mas comendo doce desse jeito nunca vou conseguir; Eu não tenho mesmo sorte, tudo de pior acontece comigo; Eu nunca consigo manter um relacionamento; A vida para mim tem sido uma madrasta má, tudo o que consigo tem que ser com muito esforço; Eu quero administrar o meu tempo, mas não consigo etc.* Com esses pensamentos, os sentimentos de tristeza, raiva e medo crescem a ponto de paralisar quem está na situação. Quem consegue sair desse redemoinho sozinho? Nem todos. E muitos irão precisar de ajuda externa de um profissional habilitado para que volte a confiar em si mesmo. Se isso soou para você como sinal de fraqueza, saiba que pelo contrário: aprender a buscar ajuda para promover ajustes necessários é sinal de inteligência para cuidar de si mesmo, da melhor forma. Você se lembra do **John?** Se ele não tivesse feito um tratamento terapêutico, provavelmente não teria superado o que viveu.

O investimento de tempo tem por trás de si um objetivo claro, um planejamento e uma intenção que sustenta a ação. Não importa no que você irá investir o seu tempo. Podem ser horas a mais de sono, passear e se divertir, relaxar no sofá, apreciar o mar e tirar um final de semana para organizar um armário. Quando qualquer uma dessas ações é feita de forma deliberada, traz resultados mensuráveis. O bem-estar, a disposição e o relaxamento almejados são alguns deles. Claro que a sensação de ganho também acontece quando resolvemos trabalhar duro num final de semana, ou até mais tarde, para concluir um projeto importante. Se, ao final, você sente que o ganho foi maior que o esforço, então valeu a pena! Do contrário, será preciso rever a sua estratégia de atuação. E é claro que quando a exceção se torna rotina, também é hora de avaliar o que motiva a felicidade advir apenas do trabalho e não do lazer ou do descanso ou o inverso. Todo tempo investido em planejamento jamais será perdido, pois garante que a execução será mais fácil, precisa, e que os objetivos serão alcançados com melhores resultados.

A perda de foco é um mau hábito, que a maioria das pessoas não se dá conta do quão prejudicial é para sua saúde mental. A cada interrupção para fazer qualquer outra coisa importante ou não, o seu sistema se desorganiza para voltar a se reorganizar quando você retoma a ação. Imagina o desgaste que você o está obrigando a fazer para realizar uma simples tarefa. Aquele que consegue se manter concentrado e que faz bem-feito uma coisa de cada vez, sem interrupção, acaba levando muita vantagem e se cansando menos do que as pessoas que se intitulam de multitarefas e se orgulham de fazer várias coisas ao mesmo tempo.

A responsabilidade pelo nosso tempo será sempre nossa. Bem ou mal utilizado, a única certeza é que ele irá passar.

Diversificar para rentabilizar

Aqui, cabe bem a reflexão sobre como a nossa maneira de pensar influencia a relação com o tempo. Parece natural que os investidores de tempo estejam mais alinhados com seus propósitos, e por isso fazem bom uso de cada hora. Quando a pessoa sente que os resultados obtidos são aqueles que desejou alcançar, a sensação de bem-estar acontece naturalmente. E essa sensação fortalece a autoestima e o autorrespeito, tornando-a mais confiante para lidar com os obstáculos e objeções que surgem no dia a dia de todo ser humano.

Quase sem perceber, essas pessoas passam a fazer escolhas com mais segurança e alinhadas com seus valores e propósitos. E a satisfação pessoal favorece atitudes mais empáticas. Essas pessoas acabam se tornando verdadeiras fontes de inspiração para outros à sua volta.

Todos nós exercemos diversos papéis sociais, e muitos são papéis dentro dos papéis. Por exemplo, uma mãe é também orientadora, professora, psicóloga, recreadora, cozinheira... Se havia alguma dúvida quanto a isso, a pandemia deixou claro que todas tiveram que se virar para dar conta desses diversos papéis, que antes eram delegados para outros profissionais. Um gestor também terá muitos outros subpapéis incorporados ao seu papel oficial. Vale ressaltar que todo ser humano, sem exceção, busca algum tipo de reconhecimento por suas interações. Algumas pessoas dizem que tudo isso é bobagem e o que vale é dinheiro no bolso, mas são essas as primeiras a se emocionarem diante de um evento ou demonstração de afeto genuíno, inclusive de animais. Isso porque somos seres sociais e gregários por natureza; e a convivência com o outro nos permite aprender, evoluir, nos divertir, nos aborrecer, sentir raiva, medo e tristeza. Mas voltando aos papéis sociais. Eles costumam ser fontes de satisfação e quanto mais diversificamos nossos investimentos de tempo entre as diversas áreas da vida, mais oportunidade de receber reconhecimento teremos. E não se trata de fazer as coisas com uma mão estendida para receber algo em troca. Quando atuamos em diversas frentes e distribuímos o nosso tempo, incluindo nós mesmos, família, trabalho, amigos, parentes, estudos, filantropia, esportes, lazer e social, acabamos recebendo reconhecimento de muitas fontes diferentes.

Essas fontes de reconhecimento nos fornecem suporte e, principalmente, quando uma fonte está enfraquecida as outras acabam suprindo a carência. E podem nos ajudar a superar os momentos difíceis, que por vezes temos que enfrentar na vida.

Ganhar tempo

A correria do dia a dia nos impede de parar e avaliar o que estamos fazendo com o nosso tempo e, principalmente, o que estamos colhendo como resultados desses investimentos. Lembro de um filme que assisti recentemente na Netflix: *Já era hora*. Trata-se de uma comédia dramática que une a viagem no tempo à crise de meia idade de um homem que trabalha demais. E que perde a noção do tempo e dos acontecimentos. Quer saber mais? Vale conferir e assistir o filme. A forma como alguém planeja o uso do seu tempo, frente à determinada demanda, revela bastante sobre o quanto aquela atividade faz sentido, ou não, para essa pessoa. A disponibilidade interna, o incentivo para pular da cama de manhã em vez de virar para o lado e dormir "mais um pouquinho" é o melhor termômetro para medir se os verdadeiros propósitos estão mais perto, mais longe ou ainda totalmente submersos em uma pilha de tarefas cotidianas.

O exemplo, a seguir, ilustra com clareza como podemos nos distanciar de nossos propósitos se não estivermos conectados com a nossa essência, em toda a sua plenitude.

Um gerente de banco que vamos chamar de Samuel, nome fictício, tinha como sonho comprar uma casa no litoral norte de São Paulo. Homem de bom gosto e hábitos caros, não se contentaria com qualquer imóvel. Ao mesmo tempo que ansiava por realizar seus desejos, fazia e refazia suas contas, apenas para verificar que, como seus hábitos de bem viver eram caros, a conta não batia; e essa realização ficava cada vez mais distante. Ele se recompensava indo ao shopping nos finais de semana, frequentando restaurantes caros e comprando equipamentos eletrônicos sofisticados. Ele me contou que, um dia, participando de um curso, a sua colega tinha como exercício vender algo para ele. Poderia ser qualquer coisa. Como ela havia acabado de voltar da praia, começou a vender a casa em que ficou. E o fez com tanta convicção e entusiasmo que ele, ao final do exercício, se sentiu totalmente motivado para comprar de verdade a SUA casa na praia.

Nesse exemplo, Samuel tinha um sonho etéreo e não um propósito claro e, como era uma pessoa mais impulsiva, achava que a casa na verdade era algo distante da realidade, então, se perdia em desejos momentâneos, como o de fazer compras e gastar em restaurantes. Curioso é que a colega, sem ter a mínima ideia de que esse era o seu sonho, contribuiu para que ele percebesse a casa na praia como real e importante. Em outras palavras, o "produto" coincidia perfeitamente com o sonho de Samuel, e ele pode vivenciar por uns instantes a felicidade de ter aquele imóvel. Seu propósito foi clarificado. Mas a história não parou por aí. Após vivenciar, na imaginação, a felicidade de ter uma casa no litoral; e visualizando esse fato como possível a partir da descrição da amiga, ele passou a construir a realidade. E adivinhe? A compra real aconteceu em muito menos tempo do que ele poderia supor.

Se alguém acredita que o propósito está tão longe de ser alcançado que nem vale a pena tentar, pode desistir do sonho. Quando você tiver um sonho ou uma meta que parece estar muito distante da sua realidade não desista. Lembra da Dayse, aquela senhora que dizia que compraria a Ferrari e acabou ganhando o carro dos patrões? Encontre o seu jeito, aquele que mais se adéqua ao seu estilo, e faça mudanças dentro da mudança até encontrar a melhor estratégia para ir em busca do que deseja. A caminhada não para porque o tempo não para, mas o seu plano é o mapa que o levará até o tesouro que é o sonho realizado. A mobilidade, ou seja, o movimento de sair de A (estado atual) para B (estado desejado), pressupõe o alinhamento entre **desejo, propósito/intenção, permissão e ação**. Se isso soar estranho, acredite que sem a permissão interna para alçar voos mais altos – mesmo quando você consegue o que deseja com muito esforço – fica muito difícil desfrutar a conquista. São muitas histórias de autossabotagem que eu teria para lhe contar. Eu imagino que você também deva conhecer outras tantas. E o pior é que a pessoa não percebe que se trata de autossabotagem porque acredita que se trata da dura realidade da vida.

No caso de Samuel que pensava: *eu nunca vou conseguir comprar a casa dos meus sonhos na praia, porque ela é cara demais*. O jeito era se compensar comprando um telefone novo, sapatos e ternos de grife, e dizia para si mesmo: *afinal, eu mereço*. Era como se uma voz interna dissesse que, como ele não podia ter o que queria, então que ao menos se desse o direito a alguns mimos, e com essa estratégia se afastava cada vez mais do seu desejo de comprar a casa na praia.

Daí a importância de alinhar:

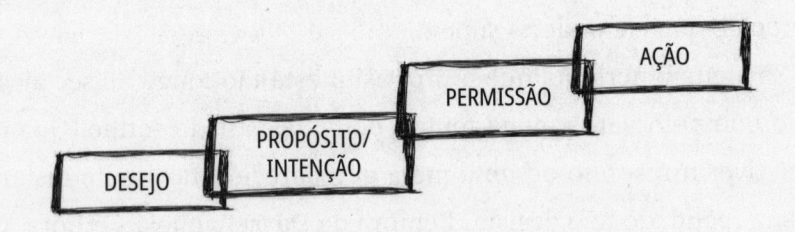

DESEJO → PROPÓSITO/INTENÇÃO → PERMISSÃO → AÇÃO

Dessa forma, os nossos desejos e sonhos ganham uma razão e consegui-los é um desafio motivador.

Eu sempre acreditei que meu trabalho contribui para que muitas pessoas possam assumir de fato o poder de fazer as melhores escolhas na hora de alocar o seu bem mais precioso, que é o seu tempo. E foi exatamente essa a razão que me levou a incorporar a metodologia *The Inner Game*®, quando a conheci. Em 2017, durante a apresentação da metodologia *The Inner Game* aplicada à gestão do tempo, eu estava tranquila para fazer a apresentação e ansiosa para receber o *feedback* do Tim. Afinal, apresentar para ele a metodologia *The Inner*

Game aplicada era um risco. Mas quando você faz aquilo que gosta, e que acredita de fato, acaba tão focado no que está fazendo que se esquece de sentir medo. Foi o que aconteceu, e algo inesperado e surpreendente sucedeu após a palestra. O Tim gostou da forma como eu incluí a sua metodologia ao meu trabalho de gestão do tempo e me inspirou a escrever sobre o tema.

Como o *Self 2*, de uma forma ou de outra, sempre teve espaço na minha vida, primeiro porque tenho muita fé, segundo porque sou otimista por natureza, ele sempre acaba dando uma mãozinha para abafar o *Self 1, que também é severo.*

Claro que meu *Self 1* tentou me amedrontar soprando no meu ouvido: *apresentar a metodologia aplicada para o autor poderá prejudicar sua imagem perante o grupo se o Tim não aprovar.*

E eu pensava: *se eu não arriscar, nunca saberei se ele irá aprovar ou não. O não eu já tenho, se não fizer nada; e se eu arriscar e ele aprovar, posso continuar com a certeza de que estou aplicando a metodologia corretamente.*

E assim eu cheguei a Orlando, em 2017. O meu *Self 2* é bem presente e por isso é fácil, para mim, acreditar que tudo é possível. Mas posso garantir que nem sempre foi assim. Já tive um *Self 1* maior do que eu, que me fazia crer que *o que vem fácil vai fácil*, que *se não houver sacrifício e muito esforço, o resultado não se sustenta*, que ganhar dinheiro era coisa de mercenário. Por isso, eu lhe digo que o mais importante é você realmente fazer aquilo de que gosta ou procurar gostar do que faz. Mas se não conseguir, ouse, mude e busque aquilo que faz você trabalhar e se divertir simultaneamente. Cada um de nós tem um espaço para ocupar nesse mundo que é só nosso e de mais ninguém, e encontrá-lo e se apossar dele nos torna empoderados e confiantes. O restante flui naturalmente.

CAPÍTULO VII

TEMPO PARA DESFRUTAR

A imprevisibilidade está no comando

"Ansiedade é medo sobre o que pode acontecer no futuro, e só ocorre quando a mente está imaginando o que o futuro pode trazer. Mas quando a sua atenção está no aqui e agora, as ações que precisam ser feitas no presente têm suas melhores chances de serem realizadas com sucesso, e como resultado o futuro se tornará o melhor presente possível."
Tim Gallwey

Reverencie o seu passado, que trouxe você para o presente. Viva o seu agora da melhor forma que puder, um dia de cada vez. Confie que viver plenamente o presente é semear um futuro repleto de flores e frutos.
Denise Lovisaro

1 DE QUEM É A CULPA?

Eu tenho começado todos os capítulos com histórias reais, que presenciei diretamente ou ouvi de meus clientes. Claro que sempre preservei a identidade deles e, caso se reconheçam ao ler este livro, espero que fiquem felizes de poder nos ajudar a aprender mais com suas vivências, acertos e erros.

Mas neste capítulo, "Tempo para desfrutar", pretendo usar minha própria história para ilustrar o tema. E o recorte que faço é um dos períodos mais desafiadores que já vivemos neste milênio: o início de 2020. Necessitamos enfrentar, mundialmente, uma pandemia, o que acaba tendo as mesmas proporções de uma guerra, seja no número de mortos, seja no declínio econômico. No começo, para nós brasileiros, era algo difuso, acontecendo na China, e, embora terrivelmente triste, parecia distante. De repente, antes mesmo de nos darmos conta do perigo, o mundo inteiro começou a ficar infectado, pessoas morrendo; e os profissionais de saúde, governos, mídia e a população em geral a cada dia ficavam mais assustados, sem saber ao certo o que fazer e como agir. Ficar em casa, para muitos, foi possível; para outros, seja pela área de atuação, considerada essencial, seja porque precisavam continuar ganhando o pão, o isolamento não era viável. O mundo virou de pernas para o ar! Enquanto microempresários, autônomos e mesmo as grandes empresas estavam na busca por saídas para se manter, a ciência investia na pesquisa por soluções, vacinas que possibilitassem imunizar a população e salvar os infectados. De um jeito ou de outro, a vida não pode parar. O que fazer? Como fazer? No olho do furacão, era o que todos nós nos perguntávamos, e ficava impossível não parar para refletir sobre a nossa vulnerabilidade. Nenhum dinheiro, nenhuma arma, nenhum muro, nada pode deter o vírus que chega sem ser anunciado ou convidado.

Faço parte do grupo de risco devido à idade, e ficar em casa esteve dentro das minhas possibilidades; mas passei, como muitos, por diversas fases: medo do contágio, das consequências do contágio, da incapacidade de proteger as pessoas queridas a minha volta e as que estavam distantes. Sentia-me bem num dia e buscava um culpado no outro. Rezava um dia e sentia raiva dos governos e da profusão de informações desencontradas no outro. Feliz e produtiva numa manhã, e completamente desanimada na outra. Então, cansei dessa profusão de emoções no comando do meu ser. Decidi atuar como protagonista e parei de dar ouvidos ao meu *Self 1*, que estava o tempo todo querendo me dizer o que era melhor fazer, deixando-me ora preocupada, ora letárgica. Eu agradeci as "boas intenções" do *Self 1* e resolvi que meu companheiro de jornada seria o *Self 2*. Sim, ele que sempre me ajudou a enfrentar as situações difíceis, com otimismo, esperança e temperança. Nunca fui de me desesperar, ou sofrer por antecipação. Sempre pensei que se existisse um problema, eu seria capaz de encontrar a melhor solução. Aliás, sempre tive essa crença, que adoro ter e ela já me ajudou a sair de situações bem difíceis nesta minha jornada. E foi dessa forma que passei a encarar a situação. Com temperança, e aproveitando cada momento para viver o aqui e agora. O momento mais importante da minha vida é hoje. Defini algumas metas para cumprir no período de pandemia, e isso me ajudou a lidar com a situação de forma produtiva e efetiva. A primeira meta foi a de me manter sadia, praticar alguma atividade física, estar cautelosa sem neurose, conviver em harmonia com meu marido, filha, genro e netos, apesar da distância. A segunda foi concluir este livro, que para mim é algo muito importante. Aqui está contido o meu trabalho de muitos anos com esse tema. Tudo o que aprendi e continuo aprendendo, praticando, ensinando e, principalmente, observando; acompanhando clientes e pessoas do meu convívio por meio de treinamentos, processos de *coaching*/mentoria e relacionamentos em geral. E a terceira desfrutar os bons momentos que a vida nos oferece nos pequenos e grandes acontecimentos. Precisei estar atenta, porque tenho certa inclinação à procrastinação. E se não estiver alerta, é fácil para mim me distrair com as inúmeras coisas que chamam a minha atenção e, assim, perder o FOCO do que elegi como prioridade.

Se o tempo já era percebido por nós como artigo de luxo, agora virou matéria-prima. Sim, porque aprendemos a investir menos tempo em deslocamentos, em atividades externas, almoços de negócio ou lazer; e passamos a fazer em casa o que antes era feito fora. Para alguns, o tempo ficou até mais curto, e para outros está sobrando demais. O *home office* nos permite trabalhar em horários mais flexíveis, e o nosso relógio biológico está em alta. O grande desafio para quem está com o tempo faltando ou sobrando será investi-lo de forma criativa. Realizar atividades que antes não faziam parte da rotina virou regra, e a maioria ficou sem a ajuda dos colaboradores domésticos, temporariamente ou definitivamente, por diversas razões. Acumular as tarefas da casa, as funções de professor e recreacionista para distrair e orientar os pequenos vêm antes ou depois dos afazeres profissionais? Não sabe usar a tecnologia? Que pena, mas agora não dá para chamar o técnico de TI, e você terá que se virar. Portanto, vencer a barreira tecnológica para utilizar os recursos como vantagem competitiva, não é mais opção, tornou-se obrigação. E as reuniões de trabalho não param de acontecer. Tenho falado com alguns clientes que relatam que as reuniões em que participam estão mais objetivas, produtivas; e todos com mais foco. Incrível a capacidade do ser humano de se adaptar e se reinventar. As pessoas estão de fato conectadas umas com as outras, olho no olho, e menos distraídas com celulares ou conversas paralelas, ou não? Se a câmera estiver desligada, surge a dúvida se essa pessoa está ou não presente? Mas há os que se queixam da falta de respeito dos gestores que não respeitam horário de almoço, final de expediente e ainda fazem cara de recriminação se uma criança aparece no vídeo circulando pelo "atual espaço de trabalho". Como tudo tem prós e contras, as viagens para o outro lado do mundo, a fim de participar de uma reunião, estão suspensas e isso pouco afetou os resultados dos negócios. Bingo!!! Muito dinheiro e tempo economizados e, daqui para a frente, a otimização de recursos deverá ser incorporada aos novos hábitos ou não? Dúvida que será respondida ao longo dos novos tempos. Visitar os pais e parentes podia ser um programa menos atraente, mas com o isolamento ficou difícil só poder vê-los pela tela. Passamos a valorizar muito mais a convivência familiar, o poder de um abraço, um beijo sem culpa e a aproximação com parentes e amigos. Os pais que lotavam as agendas das crianças com cursos extracurriculares e escolas de período integral estão tendo a oportunidade de conviver de fato com os filhos. E alguns estão experimentando os efeitos da excessiva liberdade que deram aos pequenos ou adolescentes, mas que nem notavam, porque o cuidado estava a cargo de outros. Conheço famílias que estreitaram os laços de união, companheirismo e outras que acabaram tendo que optar pela separação porque não aguentaram o excesso de convivência.

A vida está nos proporcionando uma oportunidade para repensarmos nossa forma de conduzi-la e, principalmente, notarmos que, sim, é possível colocar o pé no freio do consumo, da ganância, do exagero, e focar mais nos relacionamentos, no trabalho com significado e relevância, tanto para nós quanto para as pessoas a quem oferecemos o nosso tempo. Podemos repensar os modelos da convivência a dois, familiar, social, político. Pais estão descobrindo que os pequenos se divertem e adoram tê-los por perto. O que eles querem é a atenção e o amor na forma de carinho, riso e diversão. Para os que vivem sozinhos, sem tanta interação presencial, uma boa saída foi arrumar mais tempo para cuidar de si, do corpo, da mente, do emocional e do espírito. Recuperar talentos esquecidos e buscar na conexão consigo mesmo a força necessária para lidar com o isolamento. Será que é fácil viver consigo mesmo? A autocrítica e o autojulgamento, na medida certa, até podem nos possibilitar corrigir os exageros, mas, em excesso, provocam diálogos internos destrutivos na mente. O medo é um sentimento inerente e natural, principalmente em situações críticas como as causadas por uma guerra ou pandemia, mas ele não pode ser maior do que tudo. Você é maior do que o medo, do que a tristeza, do que a insegurança; porque tudo isso precisa de você para existir. É você que precisa estar no comando, deliberando onde irá colocar a sua atenção. E esse tem sido o nosso desafio, desde o início da pandemia e a cada dia. Como lidar com o seu tempo quando você é o líder e o liderado simultaneamente?

E se isso aconteceu durante os anos de 2020 e 2021, foi em 2022 que percebemos de fato as mudanças na forma de vida, trabalho, diversão e muitas ainda virão para nos desafiar a sair das zonas de conforto. Sim, porque se você criou uma rotina trabalhando ou estudando em casa, está novamente sendo convidado a mudar, mesclar, porque o modelo híbrido varia. Se algumas empresas estão mais cautelosas, outras parecem querer recuperar o tempo perdido. As atividades presenciais voltaram e estão pouco a pouco se avolumando. Reuniões sociais e profissionais, treinamentos, viagens a trabalho e lazer tudo junto e misturado desafiam aqueles que se sentem protegidos e confortáveis em casa; e estimulam a sair do casulo os que já não aguentavam mais o isolamento. E você? O que prefere? Como está lidando com mais esta mudança?

As empresas e escolas que adotam o modelo híbrido, permitem aos seus colaboradores e estudantes escolherem os dias de *home office* ou *homeschooling*, até quando? Alguns profissionais já estão "convidados" a voltar, não só alguns dias da semana, mas a semana inteira para o local de trabalho. E uma nova rotina para investir o seu tempo será estabelecida. Hoje você tem mais facilidade para perceber o que lhe traz mais satisfação e resultados. Talvez você precise fazer a mudança dentro da mudança para chegar aonde deseja estar. Nesse período, você pôde avaliar o que é realmente importante para você. Porque todos nós, diante da imprevisibilidade e dos inúmeros desafios aos quais fomos submetidos, pudemos, na maioria dos casos, perceber o que nos importa de fato.

Muitas mudanças ainda virão, algumas boas, outras nem tanto e cabe a cada um de nós encontrar a forma ideal para nos adaptar a esse modelo que não para e que nos obriga a nos reinventar.

Se adaptar é diferente de se acomodar. Aquele que resiste às mudanças e quer continuar fazendo o que sempre fez, acaba vítima do estresse negativo e obtém resultados com muito esforço.

Ainda dá tempo foi escrito com o propósito de ajudar você a refletir e deliberar, buscar o que realmente faz a sua vida valer a pena!

Sua vida e seu tempo se confundem. Cada dia, hora, minuto são importantes para você, não os desperdice com coisas sem importância. E se isso soar como algo interesseiro ou engessado, é exatamente o contrário. Quando aprendemos a buscar sentido para cada coisa que fazemos em nossas vidas, a possibilidade de fazer escolhas aumenta muito. Quando temos clareza de quem somos (autoconhecimento), aceitamos nossos pontos fortes e talentos com gratidão e temos a humildade dos valentes para reconhecer que podemos aprender muita coisa que nos falta para sermos a nossa melhor versão, nos sentimos livres para seguir em frente.

Quando acreditamos que ainda dá tempo... para aprender, mudar, fazer diferente, superar um obstáculo, viver um grande amor, mudar de profissão – não se importando se somos jovens ou não – é porque a nossa autoestima está nutrida e reluzente.

Autoconhecimento e autoestima são fundamentais para orientar nossas escolhas. Eles fornecem a energia necessária e o propósito que serão a nossa estrela-guia para que cada um possa cumprir a sua missão nesta vida.

Porque todos nós, sem exceção, nascemos para cumprir algo e não importa o que somos, esse é o nosso propósito. E quando estamos alinhados com esse propósito, tudo a nossa volta flui. Os obstáculos e desafios que se apresentam são superados com mais facilidade e se, às vezes, retardam a chegada, não conseguem nos impedir de atingir nossas metas mais ousadas.

Mas eu realmente espero que você tenha percebido que administrar o incontrolável tempo é aprender a fazer as escolhas certas para você. Desde as pequenas coisas até as grandes decisões. O seu tempo é a sua vida. E ele pode ser o seu grande aliado ou o pior algoz e estressor, dependendo da forma como você lida com ele.

Nessas horas, o melhor companheiro será o *Self 2* que nos ajuda a lidar com as situações adversas de modo a superá-las e seguir em frente em busca da melhor solução. Somos muito mais capazes do que supomos. E se não dispomos de todos os recursos, os que temos, se bem utilizados, serão suficientes. Não é o maior exército que ganha a batalha, e sim o mais estratégico e o que acredita que será capaz.

A verdadeira mudança precisa ocorrer de dentro para fora para que possamos enxergar a nós mesmos e o que estamos buscando na vida.

O autorrespeito nos permite nos respeitar e, consequentemente, os outros à nossa volta. Somos todos seres humanos, estamos no mesmo barco e corremos os mesmos riscos; portanto, qualquer atitude de se apequenar ou se perceber acima dos demais é pura ilusão, e só nos afasta da nossa melhor parte.

Assim como eu tracei algumas metas para a minha caminhada, desejo que você faça o mesmo. **Ainda dá tempo**... foi escrito com este objetivo. Para inspirá-lo a ser tudo o que você nasceu para ser! Nada de se contentar com pouco, você pode mudar muita coisa no seu entorno se estiver motivado para isso e acreditar que é possível.

O seu tempo é a sua vida; e cada minuto é precioso para ser desperdiçado com coisas de menor importância. Às vezes, carregamos ressentimentos, mágoas, medos, tristezas anos a fio, por coisas e pessoas que nem fazem mais parte de nossas vidas, ou sequer desconfiam de nossos sentimentos. Faça como os rios e deixe tudo isso seguir em frente para se diluírem nas ondas do mar.

Ainda dá tempo de você decidir o que deseja para a sua vida. De que forma pretende alocar o seu tempo. **Ainda dá tempo**... de você assumir o comando e a direção de sua vida. Autonomia não se sustenta se não houver a responsabilidade por suas escolhas.

Faça uma retrospectiva e considere tudo o que você já viveu, superou, aprendeu e conquistou. Avalie suas batalhas, inclusive as que você perdeu. Todas sem exceção trazem um aprendizado. Pergunte-se: o que você ainda gostaria de viver nos próximos 5, 10, 15, 20, 30 anos!

Reflita como você quer ser lembrado nos ambientes familiar, social e profissional. Aproxime-se cada vez mais dessa pessoa incrível que você sabe que existe dentro de você.

Trace uma linha do tempo de hoje até pelo menos 100 anos de idade; e coloque tudo o que você gostaria de viver nesses anos na sua linha do tempo. O intervalo de tempo entre uma e outra conquista de ordem material, mental, psicológica e espiritual é você que decide.

Tenha coragem de mudar o que não está bom. Trabalho, relacionamentos, cidade, estilo de vida... tudo está a seu alcance se você se permitir viver plenamente. Pergunte-se:

- O que você nunca fez e gostaria de começar a fazer?
- O que você sempre fez e gostaria de não precisar mais fazer?
- O que você pode começar a fazer a partir de agora que o aproxima a cada dia da pessoa que você sempre sonhou ser?

Comece com desafios menores para se motivar a chegar aonde deseja estar.

Organização, disciplina, perseverança, otimismo e coragem costumam ser excelentes companheiros nessa jornada.

Quem é capaz de sonhar, será capaz de realizar! Seja feliz em ser você!

2 AINDA DÁ TEMPO...

Às vezes, a gente se pergunta: eu sou capaz de ser muitos em um ou será que essa pluralidade me torna ineficaz?

Ainda dá tempo... de você começar, recomeçar, mudar, voltar, seguir, parar para pensar, respirar, ousar, reinventar, experimentar; ou seja, fazer o que você deseja para se sentir mais feliz e desfrutar o seu tempo da melhor maneira possível.

Não importa a sua idade, suas condições, suas restrições; porque todos esses impedimentos, a maioria fruto do medo e das crenças limitantes, se torna frágil diante da força interior. Sim, somos muito mais poderosos e sábios do que julgamos. "Se você é capaz de sonhar, será capaz de realizar."

Então, solte a sua imaginação para imaginar o que seria o melhor para você, como gostaria de investir o seu tempo daqui pra frente. O que isso lhe traria de bom? O que você precisaria fazer para dar o primeiro passo? Siga o seu coração, para cumprir a sua missão e fazer valer o seu tempo nesta vida!

E me conte a sua história, porque eu adoro receber histórias de superação, de conquista, de mudança; e saber que mais alguém reconhece que a vida vale a pena!

Até breve!

denise@deniselovisaro.com.br

AGRADECIMENTOS

Eu gostaria de agradecer a muitas pessoas que conheci, aprendi e foram importantes na minha vida! Mas esta lista seria bem maior. Agradeço ao meu avô J. M. Coimbra, que me ensinou a amar os livros e buscar no conhecimento uma fonte de satisfação. Ao Cesar, meu marido, que leu e releu os meus escritos, inúmeras vezes. Aos muitos clientes e amigos que me possibilitaram com suas histórias ilustrar os capítulos. Ao amigo e mentor Renato Ricci, que acompanhou toda a minha jornada. E ao meu mestre W. Timothy Gallwey, a quem sou imensamente grata, não só por todo o aprendizado, mas porque foi a pessoa que me inspirou a escrever este livro.